selbst ist der Mann

Fantasievolles Spielzeug aus Holz

Das Heimwerkerbuch mit vielen farbigen Abbildungen

MOEWIG

Verlagsunion Erich Pabel-Arthur Moewig KG, Rastatt

Sämtliche Anleitungen und Abbildungen stammen, sofern nicht anders angegeben, aus dem Redaktionsarchiv der Zeitschrift „Selbst ist der Mann“, Köln. Alle Angaben zu Material, Anwendung und Verarbeitung wurden sorgfältig geprüft. Dennoch muß im Einzelfall entschieden werden, ob die Bauvorschläge für den konkreten Verwendungszweck geeignet sind. Der Verlag kann eine Haftung für Personen-, Sach- oder Vermögensschäden, die sich aufgrund von Arbeiten gemäß den in diesem Band gesammelten Anleitungen ergeben, nicht übernehmen.
Nachweis der Urheberrechte: S. 7-92: Caparol-Farben/AEG-Elektrowerkzeuge/UHU/Hornitex (Zeichnungen S. 12 und 52: „Selbermachen“); S. 93-94: Caparol-Farben/Erfurt & Sohn.

4. Auflage

Originalausgabe

Redaktion: Richard Günter
Umschlagentwurf und -gestaltung: Werbeagentur Zeuner, Ettlingen
Umschlagfotos: Caparol-Farben
Auslieferung in Österreich:
Pressegroßvertrieb Salzburg Gesellschaft m. b. H.,
Niederalm 300, A-5081 Anif
Printed in Germany 1991
Druck und Bindung: Mohndruck
Graphische Betriebe GmbH, Gütersloh
ISBN 3-8118-8336-4

Inhalt

Kaufmannsladen und Kasperletheater

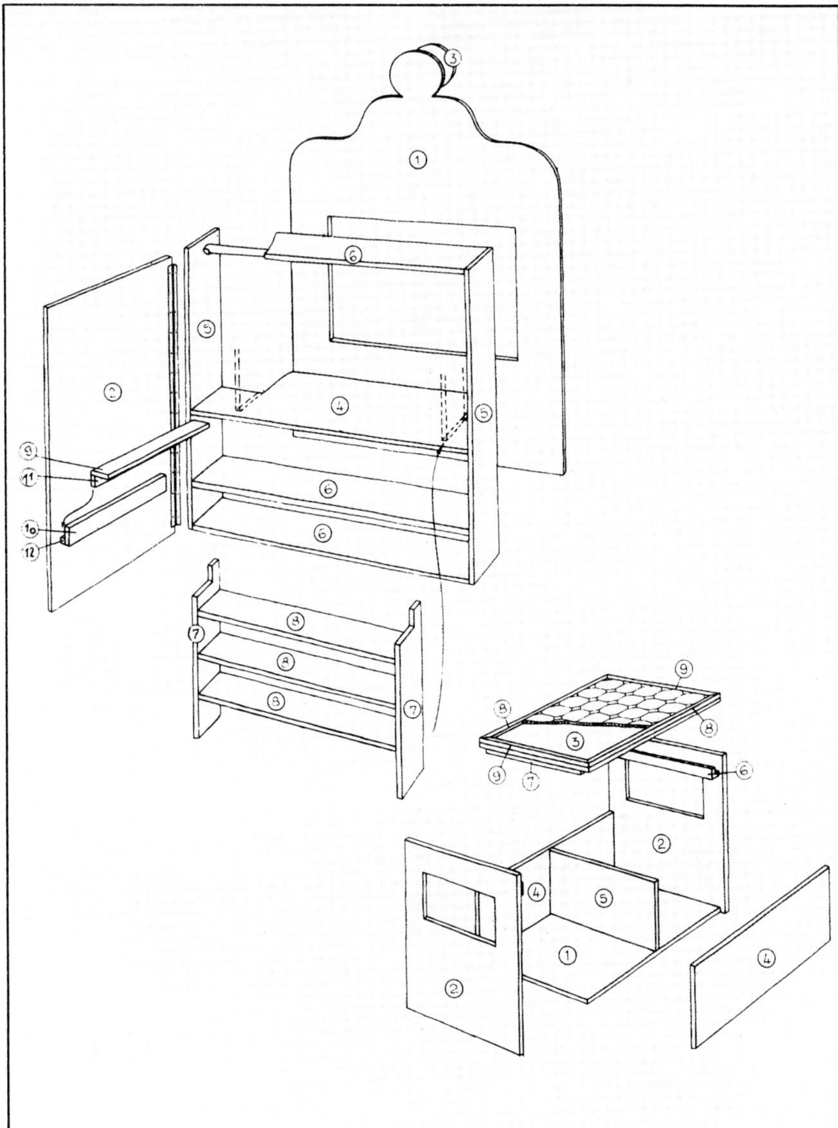

Unser verwandelbares Kasperletheater besteht aus stabiler, 19 mm dicker Tischlerplatte. Die rechtekkigen Teile werden mit der Handkreissäge auf Maß geschnitten. Für die geschwungenen Konturen benötigt man eine Stichsäge. Nach dem Aussägen aller Teile werden sämtliche Kanten mit mittlerem Schleifpapier leicht gerundet. Dies schützt nicht nur später die empfindlichen Kinderhände, sondern sorgt auch für eine einwandfreie Lackierung mit ausreichender Lackfilmdicke an den Kanten. Die Bühnenplatte wird durch einen rückseitig angesetzten Rahmen aus 19 mm dicker Tischlerplatte zu einer stabilen Kastenkonstruktion ergänzt. Das Bühnenbrett, das vorn 160 mm übersteht, wird verleimt und verschraubt, ebenso die schmale Ablage auf der Innenseite des Theaters, die als Puppenablage dient.

An den Bühnenkorpus werden mit Klavierband die beiden Seitenflügel ange-

Materialliste

Anz.	Bezeichnung	Maße in mm	Material
	Kasperletheater:		
1	Bühnenfront	1500 × 1110	
2	Seitenteile	1110 × 550	
1	Rosette	∅ 150	
1	Bühnenbrett	1070 × 260	
3	Ablagen/Rahmenteile	1070 × 100	Tischlerplatte 19 mm dick
2	Seitenrahmen	1110 × 100	
2	Innenseiten	570 × 100	
3	Böden	835 × 100	
2	Ablagen	500 × 100	
2	Blendleisten	500 × 90	
2	Futterleisten	500 lang	Ramin 40 × 10 mm
2	Steckleisten	500 lang	Ramin 50 × 10 mm

2 Klavierbänder 32 mm breit, 1000 mm lang; 1 Vorhangstange (Messing) 1060 mm lang, ∅ 20 mm, mit 2 Messingrosetten als Halterung; 1 Kulissenstange 1080 mm lang, ∅ 8 mm; 2 Vorhänge, je 600 × 750 mm; 1 Kulissenvorhang 1800 × 800 mm; ca. 60 SPAX-Schrauben 5 × 50 mm; ca. 30 SPAX-Schrauben 2 × 15 mm; ca. 20 Vorhangklammern mit Ringen; Nähgarn; Holzleim.

Anz.	Bezeichnung	Maße in mm	Material
	Thekenkasten:		
2	Tresenseiten	450 × 400	
1	Tresenboden	562 × 362	
2	Längsseiten	562 × 200	Tischlerplatte 19 mm dick
1	Deckplatte	562 × 400	
1	Trennwand	362 × 181	
2	Randleisten	400 lang	Ramin 20 × 7mm
2	Randleisten	600 lang	
2	Halteleisten	360 lang	Ramin 10 × 10 mm
2	Winkelleisten	360 lang	Ramin 30×20 mm

0,25 m² Fliesenbelag (Diamant-Fliesen); Fliesenkleber; Fugenweiß; Schnellbauschrauben; Holzleim.

schraubt, die dem Ganzen einen sicheren Stand verleihen und zugleich als Deckel dienen, wenn das Theater beiseitegestellt wird. In dem Hohlraum des Bühnenkastens finden dann die Spielpuppen Platz zur Aufbewahrung.

In gleicher Weise wie der Bühnenkorpus wird der Thekenkasten zusammengebaut. Auch er besteht aus stabiler Tischlerplatte und dient als Theke, Sitzbank oder als Spielzeugkiste. Seine obere Platte ist abnehmbar und findet durch eine untergetackerte oder -geleimte 10×10-mm-Leiste Halt, die in eine L-förmige Leistenaufnahme auf der Innenseite der Spielkiste greift. Die Oberseite der Platte haben wir mit blau-weißen Fliesen belegt. Als Randabschluß dienen auf Gehrung gesägte Leisten (7 × 15 mm), die in ihrer Dicke der Fliesenstärke entsprechen.

Wenn das Kasperletheater als Kaufladen dient, wird die Bühne zum Schaufenster. Hierzu erhält sie einen Regaleinsatz, der verschraubt und verleimt wird. Er wird später einfach auf das innere Bühnenbrett aufgesetzt und schließt mit den Innenkanten des Bühnenausschnittes ab.

Der Theatervorhang wird von einer Messing-Vorhangstange gehalten, die seitlich auf der Innenseite des Bühnenkastens mit zwei Messingringen fixiert ist. Der Kulissenvorhang wird auf ein 8 mm dickes, U-förmig gebogenes Kupfer- oder Alu-Rohr aufgezogen, das zum Biegen mit Sand gefüllt und an den Enden mit Holzstopfen fest verschlossen werden muß, damit es nicht knickt. Das Rohr oder die Stange findet in zwei 8-mm-Bohrungen im Bühnenkasten Halt.

Mit der Stichsäge lassen sich die harmonisch gerundeten Formen exakt nach der Zeichnung ausschneiden. Vorteilhaft ist dabei ein Spanreißschutz im Elektrowerkzeug, weil dieser verhindert, daß die Sägeschnitte allzusehr aussplittern.

Wenn das Kasperletheater als Kaufmannsladen benutzt wird, erhalten die Türen zwei Ablageborde, die einfach eingesteckt werden können. Sowohl Bordhalterung als auch die Ablagen selbst werden aus stabiler Spanplatte angefertigt.

Platzsparendes Kasperletheater

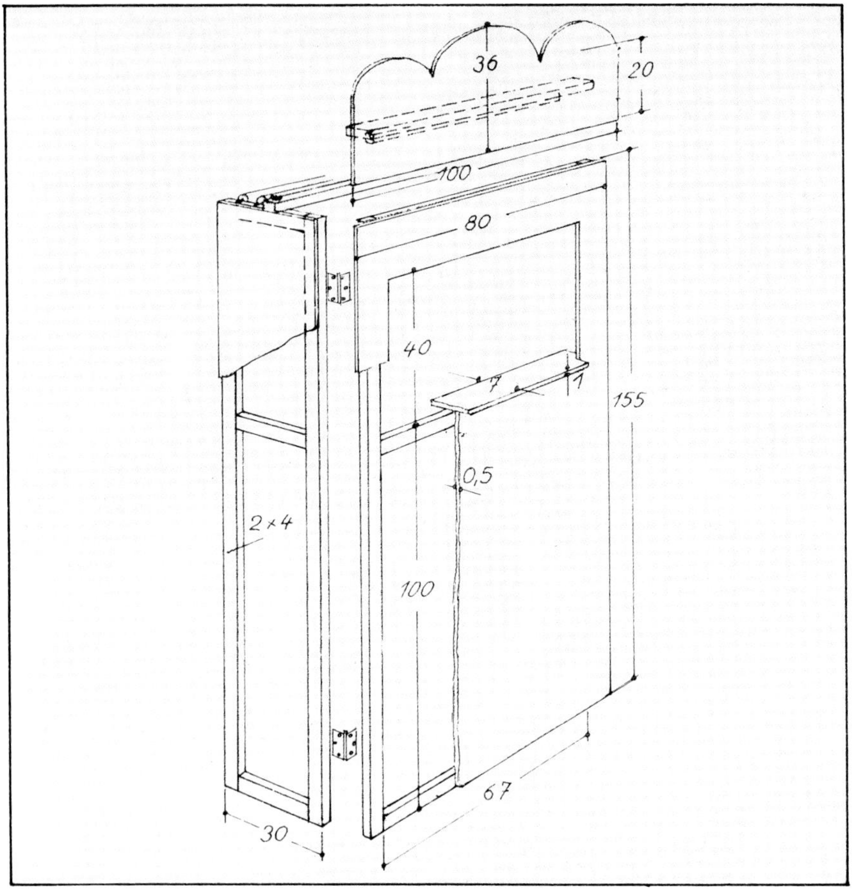

Das Kasperletheater gehört mit Recht zu den beliebtesten Kinderspielzeugen, weil sich damit sowohl Rollenspiel als auch Einfallsreichtum üben und vergrößern lassen. Deswegen freuen sich insbesondere fantasievolle Kinder über ein solches Geschenk, und ganz besonders dann, wenn es selbstgemacht ist und dadurch auch entsprechend vielseitig und stabil. Unser hier zum Nachbau vorgeschlagenes Kasperletheater ist darüber hinaus recht praktisch, weil es sich bei Nichtgebrauch platzsparend zusammenklappen läßt. Auch die „Bühnenbilder" lassen sich nach Wunsch variieren, so daß es möglich ist, entsprechend dem Stück mehrere Hintergrundszenerien in die Spielhandlung einzubringen.

Für das Theater wird vorrangig 5 mm dickes Sperrholz verwendet, das an den Kanten mit Dachlatten verstärkt werden sollte. Anschließend werden die drei Halbkreise für das Kopfteil des Theaters angezeichnet und mit einer Stichsäge ausgeschnitten. Entsprechend den Angaben der Konstruktionszeichnung und der Materialliste erhält das Kopfteil zwei Leisten, mit denen es sich auf das Vorderteil des Kasperletheaters

aufstecken läßt. Alle Dachlatten werden angeleimt und zusätzlich verschraubt.
Das vordere Teil des Theaters erhält einen rechteckigen Bühnenausschnitt – ebenfalls mit Hilfe der Stichsäge. Hier wird ein waagerechtes Brett angebracht, das später als Bühnenboden dient. Am Vorderteil werden im Abstand von jeweils 15 cm von oben und unten Scharniere angeschraubt, an denen dann die beiden Seitenteile beweglich befestigt werden. Es folgt das Anbringen eines Rundholzstabes für den Vorhang. Der Stab wird in zwei rechts und links in den Dachlatten plazierten Schraubösen gehalten, die gegebenenfalls hierfür ein wenig aufzubiegen sind. Wenn mit dem Kasperletheater gespielt wird, muß sichergestellt sein, daß die beiden beweglichen Seitenwände in ihrer rechtwinkligen Stellung fixiert sind. Dies wird durch eine Leiste erreicht, die an einem der beiden Seitenteile mit Hilfe einer Flügelmutter drehbar montiert ist und sich auf einen Holzdübel des gegenüberliegenden Seitenteils aufstecken läßt. Der Hintergrund der Bühne läßt sich jeweils auf Rundhölzern aufrollen. Die Rundhölzer erhalten für diesen Zweck an beiden Enden einen Gewindebolzen, der nach entsprechendem Vorbohren hier eingeschraubt und gegebenenfalls auch eingeklebt werden kann. Gehalten werden die beiden Rundhölzer durch Schraubösen, die in den seitlichen Teilen des Kasperletheaters angeordnet sind.

Materialliste

Anz.	Bezeichnung	Maße in mm	Material
1	Vorderseite	1550 × 800	Sperrholz 5 mm dick
2	Seitenteile	1550 × 300	
1	Kopfteil	1000 × 400	
6	Verstärkungen	1550 lang	gehob. Leisten 40 × 20 mm
3	Verstärkungen	670 lang	
6	Verstärkungen	220 lang	
1	Verstärkung	800 lang	gehob. Leiste 30 × 15 mm
1	Einlegebrett	670 × 70	Sperrholz 10 mm dick

2 Rundstäbe für Hintergrund, 800 mm lang, ∅ 25 mm; 1 Rundstab für Vorhang, 700 mm lang, ∅ 10 mm; 4 Scharniere; Stoffe für Vorhang und Hintergrund; Gardinenringe; Nylonschnur.

Wenn die Sperrholzplatten mit dem Leistengerüst verstärkt wurden, sollten sie schön glatt geschliffen werden. Das ist zu diesem Zeitpunkt am einfachsten und schafft die Voraussetzung für eine später einwandfrei glatte Lackfläche.

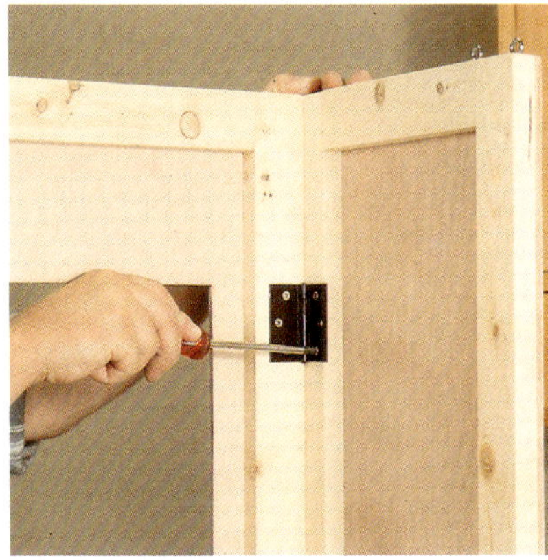

Damit das Kasperletheater bei Nichtgebrauch platzsparend aufbewahrt werden kann, läßt es sich zusammenklappen. Dazu werden zwei Scharniere für jedes der beiden Seitenteile gebraucht und mit dem Vorderteil verbunden.

Das Kopfteil des Kasperletheaters läßt sich auf die vordere Stirnwand aufstekken. Dazu erhält es zwei Leisten. Mit der kürzeren Leiste werden die beiden Seitenteile später zusätzlich daran gehindert, nach innen einzuklappen.

Ein Blick auf die „Bühnentechnik“. Sie besteht aus zwei Rundhölzern, die in Drahtösen beweglich gelagert werden und leicht herauszunehmen sind. Mit Flügelschrauben und einer hieran angebrachten Leiste werden die beiden beweglichen Seitenwände des Theaters fest miteinander verbunden.

Ladentheke als Schreibplatz

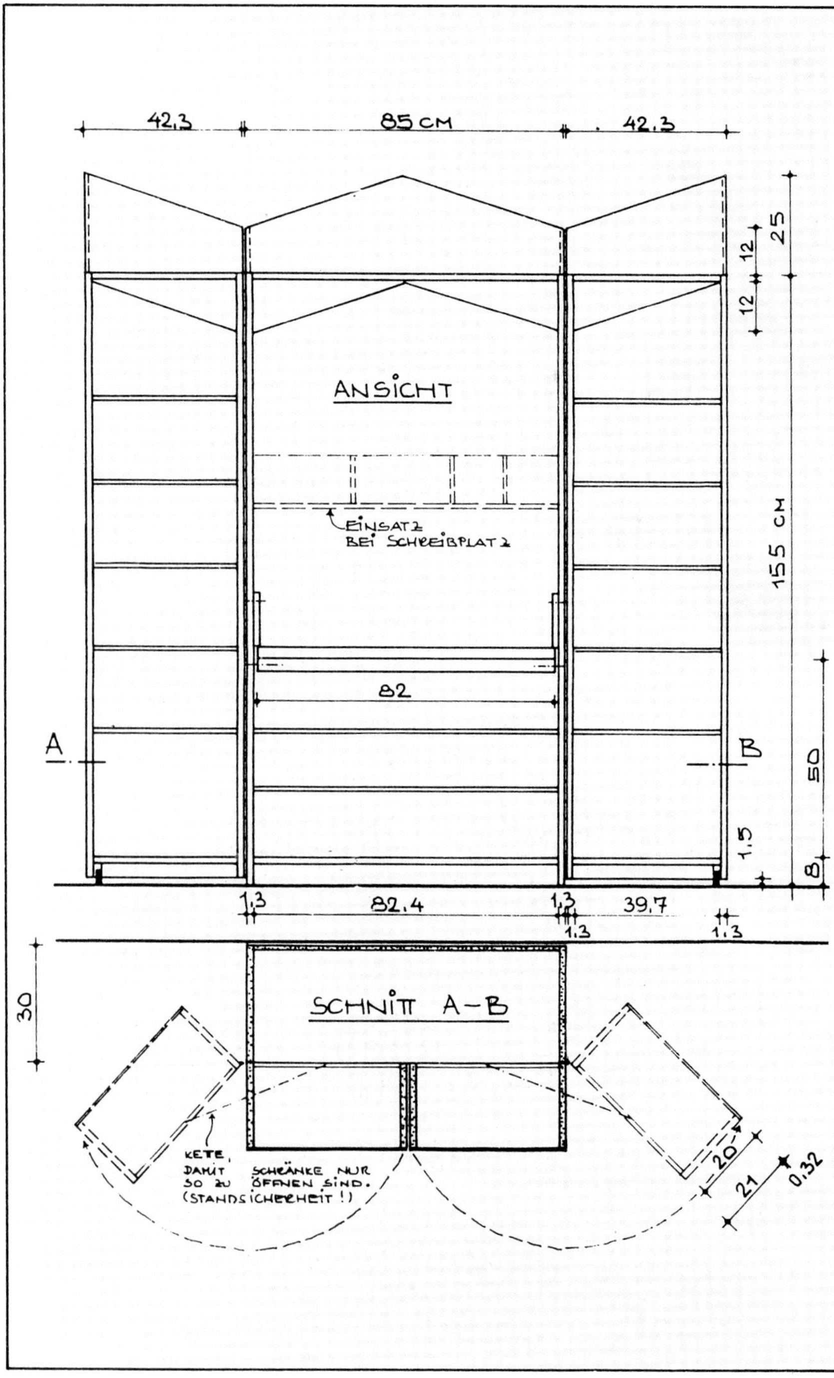

42,3
85 CM
42,3
25
12
12
ANSICHT
EINSATZ
BEI SCHREIBPLATZ
155 CM
82
A
B
50
1,5
8
1,3
82,4
1,3
39,7
1,3
1,3
30
SCHNITT A-B
KETE,
DAMIT SCHRÄNKE NUR
SO ZU ÖFFNEN SIND.
(STANDSICHERHEIT!)
20
21
0,32

Der Bau des Kaufmannsladens wird beim Mittelteil begonnen. Dazu wird zunächst eine der beiden 1550 × 300 mm großen und 13 mm starken Spanplatten auf den Boden gelegt. Als Boden und Deckel werden die zwei 824 × 300 mm großen Spanplatten eingeplant. Der Boden wird acht Zentimeter von der Unterkante des Teils im rechten Winkel angesetzt. Um etwas Stabilität beim Zusammenbau zu erhalten, setzen wir jetzt die 824 × 500 mm große Rückwand plan unten ein. Sie kann schon einmal verleimt werden, bevor sie später von unten verschraubt wird. An der Rückwand werden nun noch die beiden 824 × 200 mm großen Einlegeböden angebracht.

Die beiden Seitenteile werden nach demselben Prinzip montiert. Sie sind

Materialliste

Anz.	Bezeichnung	Maße in mm	Material
	Fürs Mittelteil:		
2	Seitenwände	1550 × 300	Spanplatte 13 mm dick
2	Deckel, Boden	824 × 300	
1	Rückwand	824 × 500	Spanplatte 10 mm dick
2	Regalfächer	824 × 200	
1	Dachaufsatz	850 × 250	
1	Platte für zwei Dreiecke	120 × 300	
	Für den Schreibplatz:		
1	Schreibplatte/ Ladentheke	820 × 500	Tischlerplatte 25 mm dick
1	Plattenleiste	820 lang	Fichte 30 × 30 mm
2	Plattenhalter	140 lang	Fichte 30 × 15 mm
	Für die Seitenteile:		
4	Seitenwände	1535 × 210	Spanplatte 13 mm dick
2	Deckel	397 × 210	
2	Böden	397 × 210	
10	Einlegeböden	397 × 200	Spanplatte 10 mm dick
2	Dachaufsätze	423 × 250	
2	Platten für je zwei Dreiecke	250 × 210	
2	Rückwände	1535 × 423	Hartfaser weiß 3,2 mm dick
	Für die zusätzlichen Ablagefächer:		
1	Boden	824 × 200	Spanplatte 10 mm dick
1	Rückwand	824 × 120	
4	Regaleinteilungen	160 × 120	

2 Klavierbänder 1500 mm lang; 2 Rollen; 2 Schlüsselschrauben mit Unterlegscheibe 8 mm; 2 Rohrstückchen mit Innendurchmesser 8 mm und Außendurchmesser 10 mm.

nur 1535 mm hoch, da sie später auf Rollen montiert werden, damit sich die Türen leichter öffnen und schließen lassen. Diesmal wird der 397 × 210 mm große Boden in einer Höhe von 6,5 cm angebracht, damit noch genug Raum für die Rollen bleibt. Der ebenso große Deckel wird wieder plan eingesetzt, ebenso wie die fünf 397 × 200 mm großen Einlegeböden pro Seitenteil. Danach kann man die beiden Hartfaserplatten (1535 × 423 mm) aufbringen.

Der Aufsatz für das Mittelteil wird aus einer 850 × 250 mm großen Spanplatte hergestellt. Dazu schneidet man von der Mitte her (etwa 425 mm) diagonal zwei gleich große Dreiecke mit einer Höhe von 120 mm ab, die unter den Deckel des Mittelteils geleimt werden. Auf dieselbe Art und Weise wird auch bei den Seitenteilen verfahren. Jetzt fehlen noch vier Dreiecke, die jeweils über den äußeren Seitenwänden von Mittel- und Seitenteilen angebracht werden.

Die Ladentheke kann auch als Schreibplatz genutzt werden. Damit die Schreibplatte beweglich ist, wird in die senkrechten Seitenteile des Mittelteils je ein Loch gebohrt, in das eine zurechtgeschnittene Metallbuchse eingelassen werden kann. Unter die 820 × 500 mm große Schreibplatte wird, 30 cm von der Rückwand entfernt, waagerecht eine 820 mm lange und 30 × 30 mm starke Fichtenholzleiste angeleimt, in deren Stirnseite zwei 8-mm-Löcher (Innendurchmesser der Buchsen) eingebohrt werden. Damit die Platte beim Schreiben nicht umschlagen kann, werden zwei 140 mm lange Plattenhalter angebracht. Sie werden beweglich an die Innenseite der Seitenwände geschraubt und gleichzeitig mit dem unteren Ende der Schreibplatte festgeklemmt.

Mit Hilfe von Leim und Schrauben werden die beiden beweglichen Seitenteile des Kaufmannsladens montiert. Die Kanten der Regalfächer werden mit Umleimern verschönt.

Damit der Kaufmannsladen dekorativ aussieht, wenn er geschlossen ist, werden die Vorderfronten der beiden Seitenteile mehrfarbig lackiert und in Farbflächen unterteilt.

Lastwagen mit Maltafel

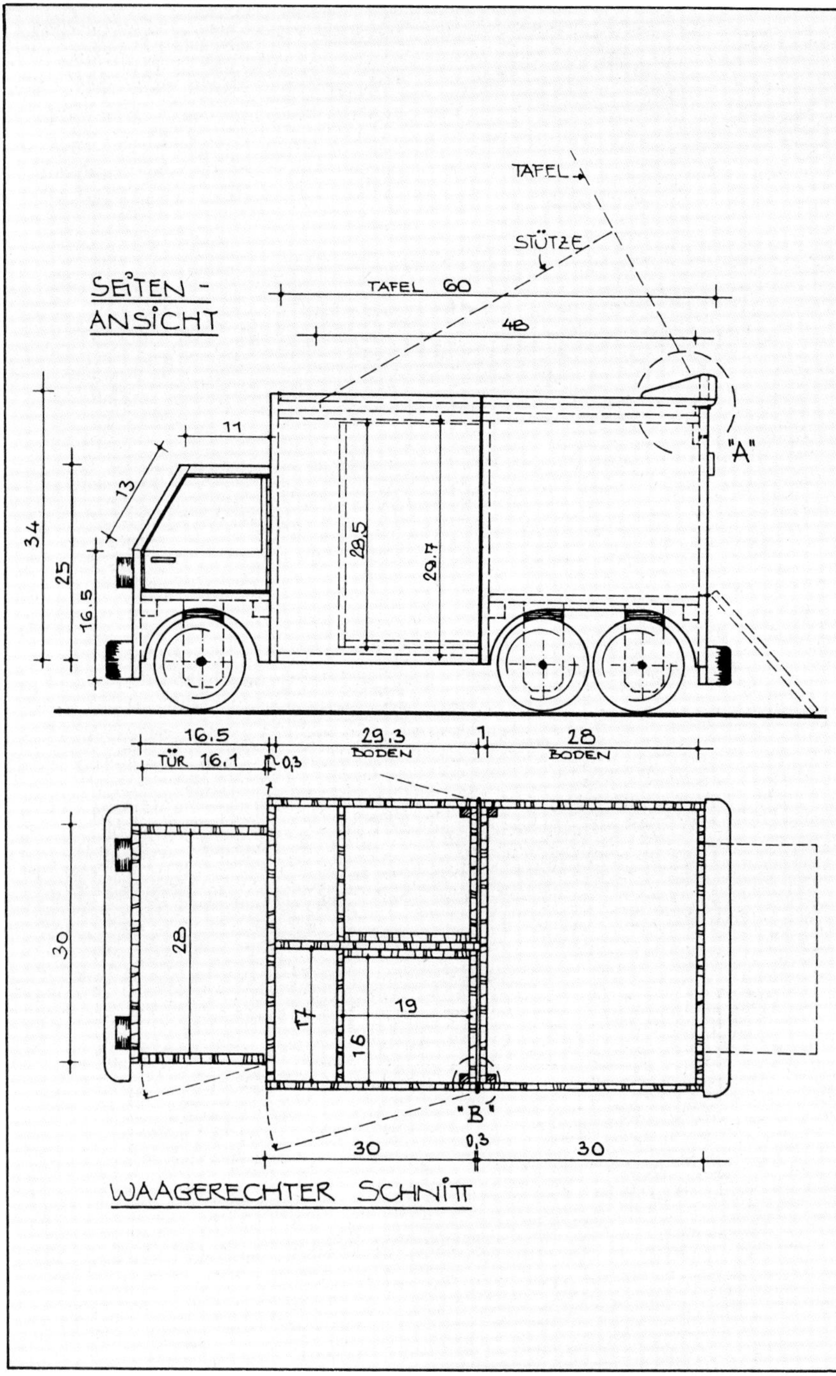
TAFEL
STÜTZE
TAFEL 60
48
SEITEN - ANSICHT
11
13
34
25
16.5
28.5
29.7
"A"
16.5
29.3
BODEN
1
28
BODEN
TÜR 16.1
0,3
30
28
17
19
16
"B"
30
0,3
30
WAAGERECHTER SCHNITT

Ein interessantes und vielseitiges Spielzeug ist dieser Lastwagen, der durch seine vielen unterschiedlich großen Fächer eine Menge Raum für Kleinzeug bietet. Das praktische Fahrzeug hilft nicht nur dabei, Ordnung zu halten, sondern läßt sich auch als Spieltisch verwenden, wobei die Räder den „Spielplatz auf kleinstem Raum" in Wohnung und Garten mobil machen. Konstruktionszeichnung sowie relativ umfangreiche Materialliste lassen zunächst den Eindruck aufkommen, das funktionelle Kinderspielzeug sei kom-

Materialliste

Anz.	Bezeichnung	Maße in mm	Material
	Führerhaus:		
1	Frontplatte	300 × 165	
1	Windschutzscheibe	300 × 130	
1	Dach	300 × 110	
1	Boden	280 × 165	
2	Seiten	240 × 165	
	Aufbau:		
1	Frontplatte	340 × 350	
1	Rückwand	352 × 350	
1	Rückklappe	268 × 200	
1	Trennwand quer	307 × 350	Spanodur 10 mm dick
1	Boden hinten	280 × 350	
1	Boden vorn	293 × 350	
1	Trennwand längs	293 × 297	
1	oberer Boden	583 × 350	
1	Tafelstütze	480 × 340	
1	Tafelfläche	600 × 347	
2	hintere Seitenteile	300 × 340	
	Schwenkbare Kästen:		
2	Kastenwände	300 × 340	
4	Kastenwände	170 × 285	
2	Kastenwände	190 × 285	
2	Kastenböden	160 × 190	
1 1	Stoßstange vorn Stoßstange hinten	350 lang 380 lang	Fichte 30 × 50 mm
2 1	Achsen hinten Achse vorn	310 lang 240 lang	Fichte 50 × 110 mm
4	Eckleiste (Punkt B)	280 lang	Fichte 15 × 15 mm
2 2	Eckleisten (Führerhaus) Eckleisten (Aufbau)	280 lang 350 lang	Fichte 20 × 20 mm
1 2 2	Eckleiste (Punkt A) Spoilerleisten Spoilerschrägen	350 lang 347 lang 80 lang	Fichte 10 × 30 mm

6 Räder mit Gummibereifung (Ø 120 mm); 3 Klavierbänder 340 mm lang; 1 Klavierband 145 mm lang; 1 Klavierband 268 mm lang; 1 Klavierband 347 mm lang; Schultafellack; Klettband.

Das Mittelteil des Spiellastwagens erhält ein Fach, das beweglich angebracht wird und herausgeklappt werden kann. In ihm lassen sich Würfel, Karten, Kugeln, Malstifte und vieles mehr unterbringen. Die Plattenzuschnitte werden jeweils mit schnell abbindendem Holzleim stumpf verleimt.

Ein Klavierband sorgt dafür, daß der ausklappbare Kasten an dem Korpus des Lastwagens stabil, aber dennoch beweglich angebracht werden kann. Mit einem Bohrschrauber sind die einzelnen Holzschrauben schnell befestigt. Hilfreich dabei ist eine Drehmoment-Vorwahl.

Das Führerhaus des Lastwagens ist zusammengebaut und wird am Korpus angeleimt. Wer für noch größere Stabilität sorgen möchte, kann rechts und links jeweils zwei Holzdübel einleimen.

Ein besonders vielseitiges Spielzeug wird der Lastwagen auch dadurch, daß er eine ausklappbare Tafel erhält, die am rückseitigen Ende mit Hilfe eines entsprechend zugeschnittenen Klavierbandes montiert wird.

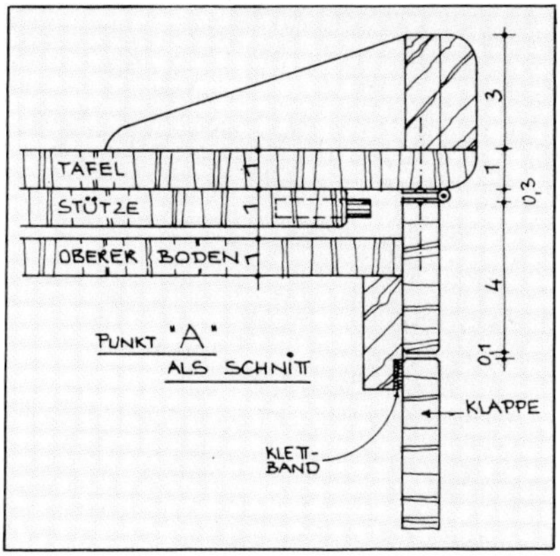

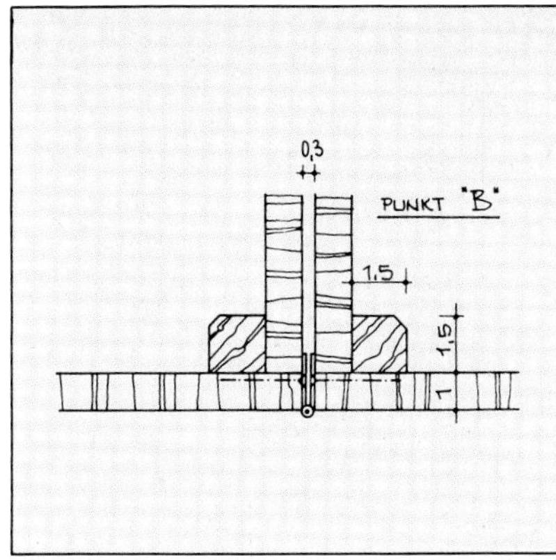

pliziert nachzubauen. Die vielen Einzelteile für den LKW-Aufbau werden aber nur benötigt, weil die Konstruktion so geplant ist, daß rationell und möglichst einfach gearbeitet werden kann.
Der rückseitige Aufbau besteht aus zwei unterschiedlich großen Bodenplatten, die in zwei verschiedenen Höhen angebracht werden. Beide Achsen werden durch den hinteren Boden verdeckt. Eine Zwischenwand, die den vorderen und den hinteren Laderaum voneinander trennt, dient als Ausgangspunkt. An ihr wird der vordere Boden angesetzt.
Der vordere Laderaum, in dem später die beiden schwenkbaren Fächer Platz finden, wird durch eine Platte längs unterteilt. Die Front wird angesetzt und der obere Boden auf die Zwischenwand aufgeleimt.
Zwei Holzplatten, aus denen die Radkästen ausgesägt werden, begrenzen den hinteren Laderaum. Die Ecken der Radkästen werden mit Fichtenholzleisten verstärkt. In die Rückwand ist eine Öffnung einzuschneiden, in die mit einem schmalen Klavierband ein „Ladeluken-Deckel“ eingesetzt wird.
Beide schwenkbaren Kästen werden montiert und im Scharnierbereich mit Fichtenholzleisten verstärkt.
Beim Führerhaus müssen zunächst die Unterkante der Windschutzscheibe sowie die Vorderkante des Dachs mit der 30°-Einstellung der Stichsäge abgeflacht werden, um die entsprechende Scheibenneigung zu erhalten. Auf der Fahrerseite ist eine Tür vorgesehen, weshalb die eine Holzplatte (240 × 165 mm) geteilt werden muß. Alle Einzelteile des Führerhauses – bis auf die Fahrertür – lassen sich jetzt mit Leim und Stiften dauerhaft zusammensetzen. Unter den Boden werden Verstärkungsleisten geleimt, um das Führerhaus vor dem LKW-Aufbau zu verfestigen.
In die obere Stirnseite der Tafelstütze setzen wir noch zwei abgeschnittene Schrauben – es können auch Holzdübel sein – als Anschlag für die Stütze ein. Die Tafel-Fläche (600 × 347 mm) wird mit einem Klavierband auf der überstehenden Platte der Rückwand fixiert. Als Ablagefläche für Kreide dient ein „Spoiler“, der aus zwei miteinander verleimten Fichtenholzleisten besteht. Zwei abgeschrägte, längs angeleimte Holzleisten komplettieren ihn. Anschließend sind Räder und Spoiler zu montieren.

Die grundierfolienbeschichteten Spanplatten von Hornitex bieten direkt lakkierfähige Oberflächen, die mit wasserhaltigem, umweltschonendem Acryllack in die gewünschten Farben gesetzt werden können. Eine Vielzahl von leuchtenden Standardfarben gibt es sowohl glänzend als auch seidenglänzend.

Die vier Räder werden an stabilen Massivholzachsen angebracht. Damit die Bohrungen für die Radbefestigungen möglichst senkrecht sitzen, braucht es eine ruhige und zielsichere Hand. Gegebenenfalls hilft das Einspannen der Werkstücke oder noch besser ein Tischbohrständer.

Das Führerhaus des Lastwagens, formschön abgeschrägt, mit Tür ausgestattet und mit Stoßstange sowie Scheinwerfern verziert. Damit diese Kleinteile möglichst fest sitzen, sollten sie mit hochfestem Klebstoff angebracht werden.

Ein Blick auf die rückseitige Ladefläche des Spiellasters, die mit einer Ladeklappe ausgestattet ist. Klettband hält die geschlossene Klappe fest. Auch der Laderaum bietet einen Aufbewahrungsort für den von Kindern so geliebten „Kleinkram“.

Farbenfroher Schaukel-Elefant

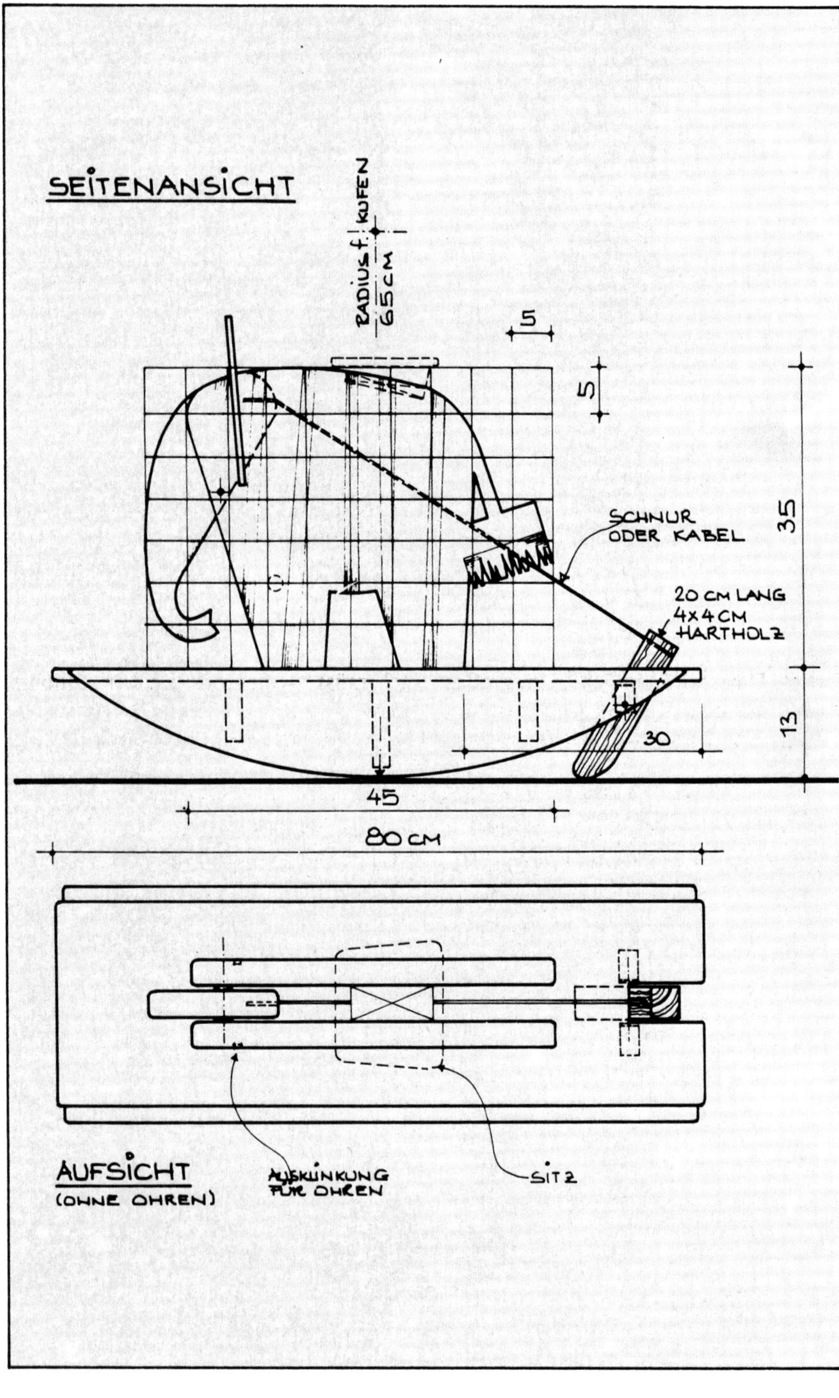
SEITENANSICHT
RADIUS f. KUFEN
65 CM
5
5
35
SCHNUR
ODER KABEL
20 CM LANG
4X4 CM
HARTHOLZ
13
30
45
80 CM
AUFSICHT
(OHNE OHREN)
AUSKLINKUNG
FÜR OHREN
SITZ

Dieser Elefant wackelt beim Schaukeln mit dem Rüssel. Um ihn zu bauen, werden aus den beiden 800 × 130 mm großen Spanplatten die Kufen hergestellt. Dazu zeichnen wir mit einer Schnur, an der ein Stift angebunden ist, eine halbkreisförmige Rundung mit einem Radius von 650 mm an. An die 800 × 240 mm große Bodenplatte wird die 240 × 100 mm große Verstrebung mittig eingesetzt. Circa 20 cm davon können rechts und links die beiden weiteren Verstrebungen mit der Abmessung 240 × 70 mm eingeleimt und durch die Verschraubung mit der Bodenplatte verbunden werden. Auf das so entstandene Gerüst lassen sich die abgerundeten Kufen seitlich aufleimen. Auch sie werden von außen verschraubt, um die Stabilität zu erhöhen. Die Konturen des Körpers lassen sich am einfachsten auf das Holz übertragen, wenn man sich eine Schablone anfertigt. Dazu wird ein 5 × 5 cm großes Raster auf eine Pappe gezeichnet, um so den Körper des Elefanten entsprechend der Konstruktionszeichnung zu übernehmen. Auch der Umriß des Rüssels wird mit Hilfe einer Papp-Schablone auf die Spanplatten gezeichnet. Dieses Werkstück fertigen wir aus leichterem Material an, denn der Rüssel soll sich beim Schaukeln auf und ab bewegen. Um das zu ermöglichen, ist zwischen den beiden hinteren Kufenenden ein beweglicher Holzbalken vorgesehen, der durch eine Schnur mit dem ebenfalls beweglich gelagerten Rüssel verbunden ist. Beim Schaukeln nach vorn hebt der Elefant den Rüssel, beim Zurückschaukeln senkt er ihn.

In die beiden Seitenteile wird gemäß der Zeichnung jetzt noch je ein Schlitz für das Brett eingeschnitten, das die Elefantenohren bildet. Das 280 × 200 mm große Sperrholzbrett kann man nach eigenen Vorstellungen ohrförmig ausarbeiten.

In den Schaukelbalken sowie den Rüssel müssen mehrere Löcher gebohrt werden, um hier die beiden beweglichen Einzelteile anzubringen. Die

Materialliste

Anz.	Bezeichnung	Maße in mm	Material
4 2	Körperseiten Rüsselteile	450 × 350 330 × 180	Spanplatte 16 mm dick
1 2 2 1	Bodenplatte Kufen Streben (außen) Strebe (mittig)	800 × 240 800 × 130 240 × 70 240 × 100	Spanplatte 19 mm dick
1	Schaukelbalken	200 lang	Hartholz 40 × 40 mm
1 1	Ohrenplatte Sitz	280 × 200 150 × 130	Sperrholz 10 mm dick

2 Stuhlwinkel; 1 Schraube mit Mutter und Unterlegscheiben für den Schaukelbalken, circa 60 mm lang und 8 mm stark; 1 Schraube als Drehpunkt für den Rüssel, circa 80 mm lang und 8 mm stark, mit Unterlegscheiben; Schnur circa 60 cm lang.

Drehpunkte, an denen Balken sowie Rüssel befestigt werden, müssen jeweils mit einer Metallhülse ausgestattet sein, die in das vorgebohrte Loch einzuschlagen und gleichzeitig zu verleimen ist. Bevor das Widerlager zum Rüssel montiert werden kann, muß aus der Bodenplatte noch ein 45 mm breiter und 90 mm langer Schlitz ausgeschnitten werden, damit dem Balken genügend Raum bleibt und er sich nicht verkanten kann. Mit Stuhlwinkeln wird der Balken in diesen Einschnitt eingepaßt.

Zusammengebaut wird der Schaukelelefant, indem zunächst eine Körperseite auf die Bodenplatte aufgeleimt und von unten verschraubt wird. Durch die vorgebohrten Löcher kann man jetzt schon die drehbare Achse des Rüssels schieben, an der man ihn auch probehalber gleich einmal aufhängen kann. Ist der Schaukelbalken auf diese Weie ebenfalls montiert, kann man die Schnur einkleben und mit Stiften sichern, um zu überprüfen, ob alle Einzelteile passen.

Wenn die Kinder noch zu klein für den Schaukelelefanten sind, kann man noch einen Sitz sowie Fußstützen anbringen. Die Sitzfläche ist schnell aus einem Stück Sperrholz und einem Klotz zusammengebaut, der sich zwischen die beiden Körperseiten des Elefanten einschieben läßt. Für die Fußstützen werden in die Vorderbeine des Elefanten zwei 20 bis 22 mm große Löcher gebohrt, in die ein Rundholzstab eingeleimt wird. Der Rundstab kann später, wenn die Kinder gewachsen sind, einfach abgesägt werden, so daß sie sich nicht an ihm stoßen und genug Bewegungsfreiheit haben.

So wird der bewegliche Balken am Schaukelbrett befestigt.

Das Schaukelbrett ist besonders stabil gebaut.

Ausstemmen der Schlitze für die Elefantenohren.

Spielhaus mit variablen Zimmern

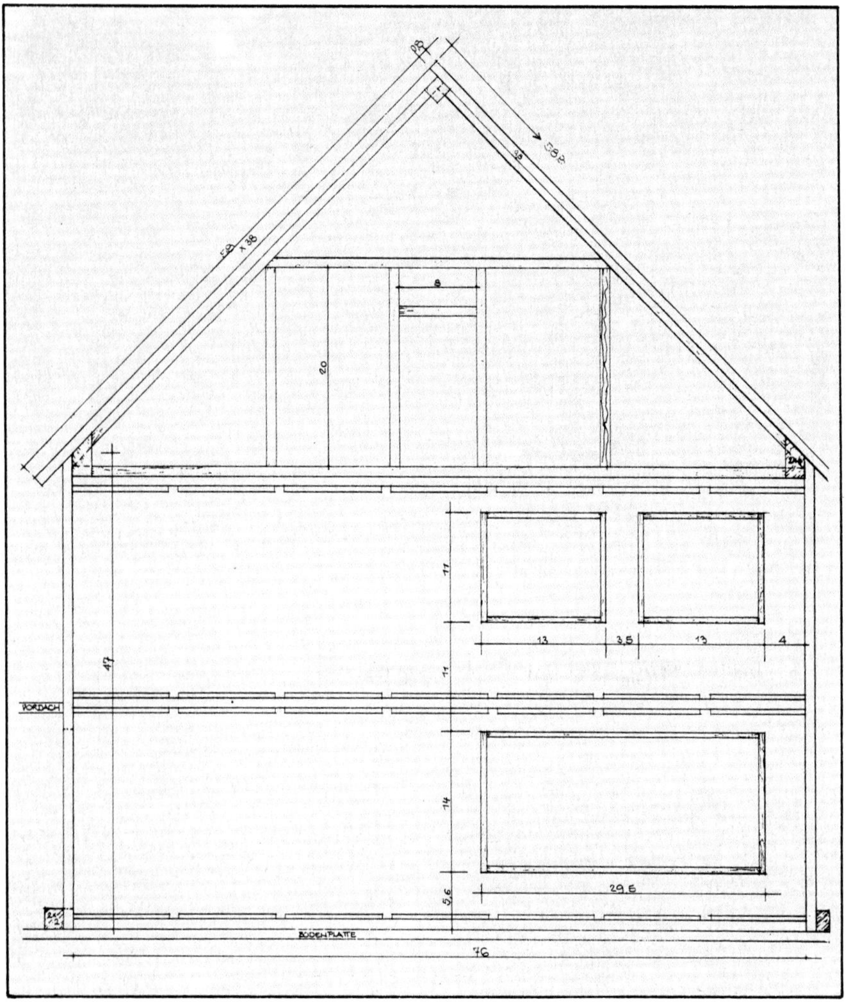

Das Reizvolle an diesem Puppenspielhaus sind nicht nur sein großzügig bemessenes Raumangebot, sondern auch Innenwandelemente, die sich unterschiedlich in ein Boden- und Dekken-Rastersystem einordnen lassen. Dadurch ist es möglich, die Raumgrößen immer wieder neu zu variieren. Das gleiche gilt für die Farbe des Bodenbelags, weil auch hierfür unterschiedlich große Rasterelemente aus dünnem Karton zugeschnitten und mit farbigem Filz beklebt werden können.

Für das Spielhaus wird vorrangig 10 mm dickes Sperrholz benötigt sowie Holzleisten in unterschiedlichen Abmessungen. Die Einzelteile werden zunächst, der Materialliste entsprechend, zugeschnitten. Dabei sollten die oberen Enden der beiden Seitenwände im Winkel von 45° abgeschrägt sein, weil sich dort später der Dachüberstand auflegt.

Materialliste

Anz.	Bezeichnung	Maße in mm	Material
1 1 2 3 4 6 1 1	Bodenplatte Rückwand Seitenwände Böden (Decken) Innenwandelemente Innenwandelemente Haustür Vordach	900 × 400 450 × 760 470 × 350 760 × 320 210 × 100 210 × 110 168 × 66 168 × 66	Sperrholz 10 mm dick
1 1	Dachplatte Dachplatte	580 × 380 588 × 380	Sperrholz 8 mm dick
84	Boden- und Deckenraster	100 × 100	Sperrholz 5 mm dick
1 2 1	Dachleiste (First) Halteleisten für Seitenwände Halteleiste f. Rückwand	320 lang 370 lang 780 lang	Fichte 20 × 20 mm
2	Dachleisten (Traufe, innen)	320 lang	Fichte 20 × 40 mm
1 2 1 4 1 8 8	Fensterleiste (Giebel, unten) Fensterleisten (Giebel, unter dem Dach) Fensterleiste Fensterleisten Fensterleiste Leisten für Innenwandrahmen Leisten für Innenwandrahmen	 760 lang ca. 550 lang ca. 360 lang 200 lang 80 lang 210 lang 90 lang	Fichte 10 × 10 mm
 1	**Treppe:** Grundplatte	317 × 80	Sperrholz 5 mm dick
11	Stufen (Dreieckleisten)	80 lang	Fichte 20 × 20 mm
2 2	Geländerpfosten Geländerpfosten	80 lang 70 lang	Fichte 10 × 10 mm
1 1 1	Geländer (Handlauf) Geländer (Handlauf) Geländer (Handlauf)	326 lang 226 lang ca. 100 lang	Fichte 15 × 6 mm
 4 8 2 2 9 2 2	**Fensterumrahmungen:** senkr. Leisten senkr. Leisten senkr. Leisten (Haustür) senkr. Leisten (Haustür) Querleisten Querleisten Querleisten	 140 lang 110 lang 176 lang 170 lang 118 lang 283 lang 58 lang	Fichte 15 × 6 mm

Wichtig ist, die rechte Seitenwand in Höhe des Obergeschosses, den Rasterelementen angepaßt, mit zwei Schlitzen auszustatten, durch welche später die Innenwandelemente eingeschoben und herausgenommen werden können. Die Schlitze müssen 210 × 10 mm groß sein und sollten im Abstand von 10 cm plaziert werden. Im unteren Teil des Puppenhauses ist dies nicht erforderlich, weil sich der U-förmige Hausrahmen von der Bodenplatte abheben läßt, so daß sich die später parallel zur Rückwand verlaufenden Innenwandelemente bei abgenommenem Haus in das Rastersystem der Bodenplatte einstecken und dann durch Aufsetzen des Spielhauses fixieren lassen. Dabei geben die Nuten im Rastersystem der Decke den Innenwandelementen den nötigen Halt. Die 10 × 10 cm großen Rasterplatten lassen sich am besten anbringen, wenn zuvor 10 mm dicke Hilfsleisten aufgeleimt wurden. Zu beachten ist dabei, daß der spätere Anstrich der Seitenwandelemente etwas aufträgt, so daß es empfehlenswert ist, für ausreichend „Luft" zu sorgen. Ratsam ist es deswegen, die Rasterplatten allseitig um maximal einen halben Millimeter kleiner zu halten.

Der untere Boden mit Rastersystem läßt sich auf die Bodenplatte passend aufleimen. Rückwand und Seitenwände werden aufgestellt und an den oberen Ecken verschraubt. An den unteren Enden dieser U-Form können nun die 20 × 20 mm großen Halteleisten auf die Bodenplatte aufgeleimt werden, so daß automatisch eine umlaufende Nute entsteht. Damit die erste Zwischendekke des Spielhauses genau in der richtigen Höhe an Rückwand und Seitenwänden angeschraubt werden kann, werden zunächst einige Innenwandelemente in das Rastersystem der Bodenfläche eingepaßt. Jetzt läßt sich die Decke auflegen und durch Außenwände und Rückwand verschrauben. Das gleiche geschieht mit der Decke der ersten „Etage": Der obere Boden hat dabei nur an seiner Unterseite ein Rastersystem. Er wird ebenfalls auf zunächst provisorisch eingesetzte Innenwandelemente aufgelegt und dann mit Rück- und Seitenwänden verschraubt. Damit ist der „Rohbau" fertig und kann exakt ausgerichtet und mit einigen zusätzlichen Schrauben stabilisiert werden.

Um das Dach des Spielhauses anzufertigen, werden die dafür vorgesehenen beiden 8 mm dicken Sperrholzplatten-Zuschnitte rechtwinklig miteinander verleimt. Die Ecke wird durch eine Leiste von 20 × 20 mm innenseitig verstärkt. Diese Leiste muß von der Vorderkante des Daches rund 20 mm zurückspringen. Es folgt das Anleimen der beiden unteren Dachbegrenzungsleisten, die ebenfalls 20 mm von der Vorderkante des Daches zurückspringend angebracht werden. An ihren oberen Enden haben diese beiden Leisten zuvor eine Abschrägung von 45° erhalten. Anschließend ist es möglich, die Dachform durch Leisten zu verstärken, welche Giebelfenster andeuten. Die untere Leiste wird dabei nicht mit der Rückwand verbunden, weil das gesamte Dach abnehmbar bleiben soll. Zwischen die waagerechten Dachleisten werden die senkrechten eingeleimt. Die Leimverbindungen sollten zusätzlich mit kleinen Nägeln verstiftet werden.

Wer möchte, kann noch eine Treppe zur ersten Etage einbauen. Dazu muß die erste Decke einen Ausschnitt von 100 × 210 mm erhalten. Die Grundplatte der Treppe wird so ausgeformt, daß sie in die 10 mm breiten Nuten des Rastersystems paßt. Die Treppe wird an beiden Enden im Winkel von 45° zugeschnitten und kann lose eingesetzt werden. Abschließend werden die Geländerpfosten und die Handläufe angeleimt.

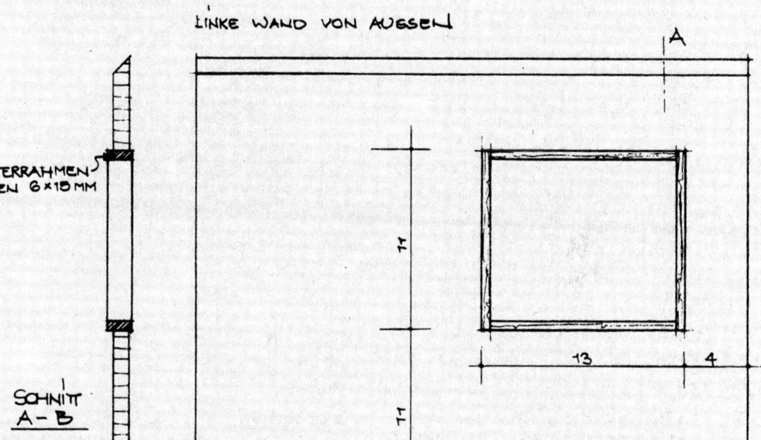
LINKE WAND VON AUSSEN
FENSTERRAHMEN
LEISTEN 6×15 MM
SCHNITT
A – B
A
11
11
13
4
VORDACH 15,8×6,6
17,6
5
7
2
TÜR
6,6×16,8
DREHPUNKT
(NAGEL)
35
B

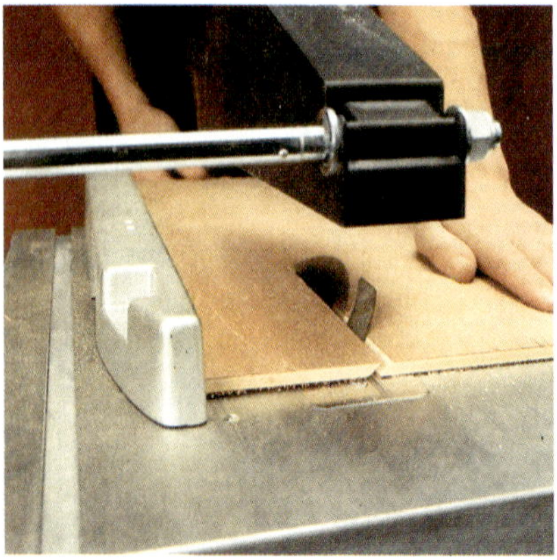

Die linke und die rechte Hauswand werden mit Hilfe der Tischkreissäge abgeschrägt, um das Dach passend aufsetzen zu können.

Einige Möglichkeiten, die versetzbaren Innenwände auszugestalten.

Die Hauswände werden in eine umlaufende Nut im Bodenbrett eingesteckt.

Das Dach läßt sich als Ganzes abheben und wieder aufsetzen.

Puppenhaus mit Stilfassade

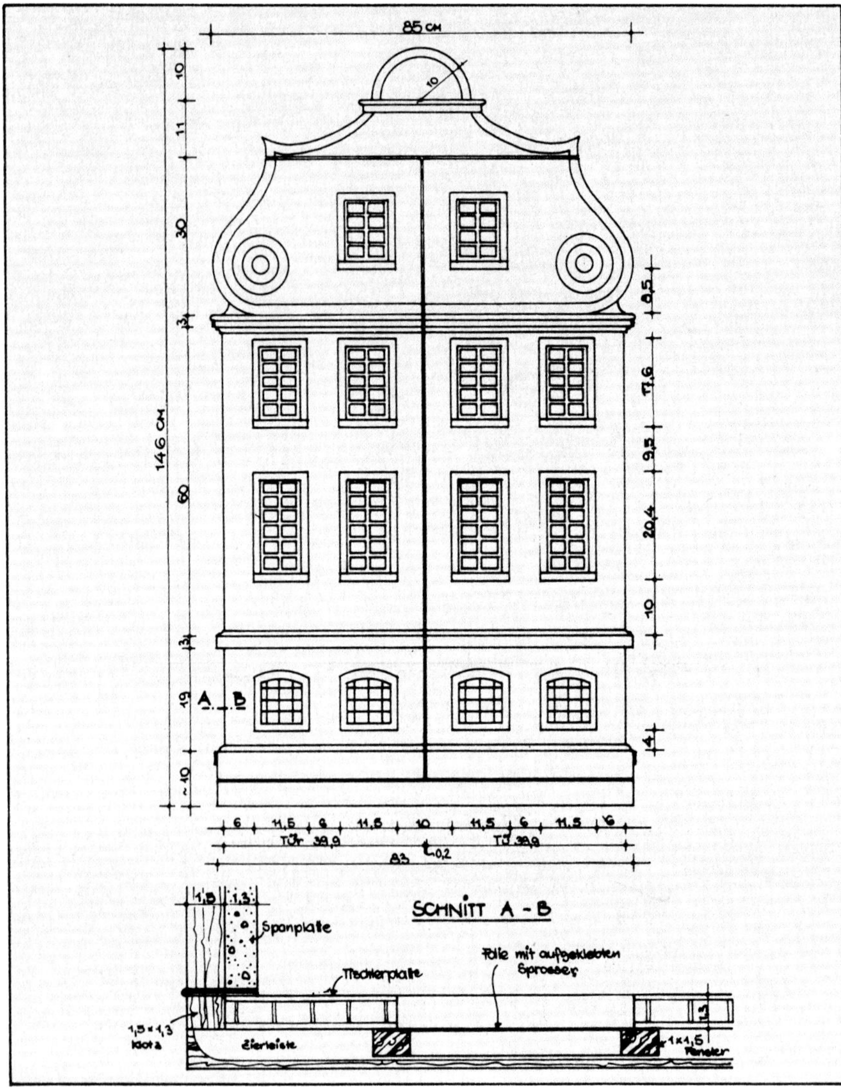

Um das große Puppenhaus nachzubauen, das eine schmuckvoll geformte Stilfassade besitzt, ist es zunächst erforderlich, alle Holzteile entsprechend den Angaben der Materialliste zuzuschneiden. Der Nachbau beginnt mit der Rückwand. An ihr werden die Giebelschrägen angezeichnet. Der Giebel wird spitz zugeschnitten. Mit Hilfe von Weißleim und Nägeln wird die eine Seite mit der Rückwand verbunden. Anschließend sind die Zwischenböden einzufügen und ebenfalls durch Leimen und Nageln zu befestigen. Auch die zweite Puppenhausseite wird nun angebracht. Beide Dachplat-

ten werden mit Leim aufgesetzt und mit der Rückwand sowie den Seiten vernagelt. Anschließend lassen sich die mittleren Trennwände einsetzen und befestigen.
Das Untergeschoß, das den Keller darstellt, erhält eine Blende. Die beiden Rundbögen, die den Kellerraum andeuten, werden mit der Stichsäge ausgesägt. Es folgt das Aufleimen der Sockelblende. Ferner werden auch die weiteren Sockelleisten links und rechts am Haus aufgeleimt.
Ein wenig mehr Mühe macht das Ausarbeiten der Giebelverzierungen aus dem Sperrholz. Hierfür ist es am besten, sich zunächst eine Schablone für eine Hälfte der Giebelverzierung anzu-

Materialliste

Anz.	Bezeichnung	Maße in mm	Material
1	Rückwand	1380×774	Spanplatte 13 mm dick
2	Seiten	1050×400	
2	Dachabdeckungen	530×400	
4	Böden	774×387	
2	Mittelseiten	287×370	
1	Blende (mit Stichbogenausschnitt)	774×287	
1	Sockelblende	800× 50	
2	Türen	1200×399	Tischlerplatte 13 mm dick
1	Giebel	650×210	
1	Giebelverzierung	850×510	Sperrholz 5 mm dick
	Sockel- und Türleisten:		Fichte massiv 15×50 mm
1		830 lang	
6		ca. 415 lang	
8		ca. 415 lang	
1	Bodenverstärkung	774 lang	Fichte massiv 15×30 mm
1	Giebel	240 lang	
	Fensterleisten:		Fichte massiv 10×15 mm
10	oben quer	85 lang	
4	senkr. Giebel	133 lang	
8	senkr. Obergeschoß	161 lang	
8	senkr. Erdgeschoß	189 lang	
8	senkr. Untergeschoß	100 lang	
4	unten quer, Untergeschoß	115 lang	
4	Rundbogen, Untergeschoß	85 lang	Fichte 10×25 mm
12	unten quer, Fensterbänke	115 lang	Fichte 15×15 mm

4 Scharniere 30 mm hoch, geöffnet 60 mm breit; 2 Schnäpper; verschiedene Zierleisten (Viertelkreis, Halbkreis, Hohlkehle); durchsichtige Folie (z. B. Astralon-Zeichenfolie) für Fenster; selbstklebende Folie für Sprossen.

fertigen und mit ihrer Hilfe dann die entsprechenden Bogen und Spitzformen auf das Sperrholz zu übertragen. Mit Hilfe derselben Schablone werden auch die oberen Türteile und der Giebel angezeichnet. Die ausgeschnittenen Sperrholzbögen lassen sich auf das Giebelstück und die oberen Türteile aufleimen. Das gleiche geschieht auch mit den zwei Kreisen und zwei Ringen, die noch zur Giebelverzierung benötigt werden.

Alle Fensteröffnungen werden angezeichnet und mit der Stichsäge ausgeschnitten. Die Löcher sollen umlaufend je 5 mm größer als das lichte Maß der Fenster sein. Türen und Giebel werden mit den 15 mm dicken Leisten ausgestattet. Diese Leisten werden auch an den Hausseiten angebracht. Nun ist es möglich, die Scharniere an den Türen zu befestigen, am Korpus des Hauses einzulassen und festzuschrauben. Der nächste Arbeitsgang ist das Aufleimen des Giebels.

Die Zierleisten, die aus Halbrund- und Viertelstab sowie Hohlkehle bestehen, werden an den entsprechenden Stellen angeleimt. An ihren Außenecken sollen sie ebenfalls so profiliert werden, daß der Eindruck entsteht, als seien sie auf Gehrung geschnitten.

Die zugeschnittenen Dachhälften werden auf den Rohbau aufgesetzt und mit Leim sowie Nägeln an diesem befestigt.

Die Blende für das Kellergeschoß ist mit zwei leichten Rundbogenfenstern ausgestattet. Sie wird ebenfalls durch Leimen und Nageln stumpf mit den anderen Spanplatten verbunden.

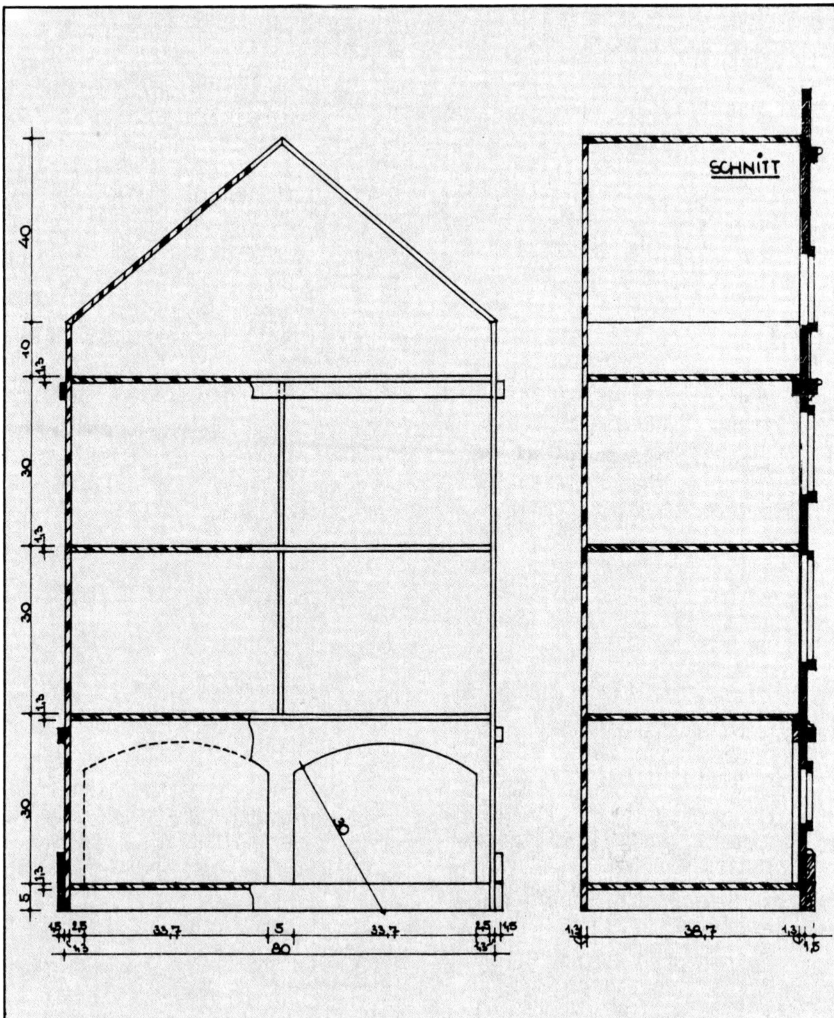
SCHNITT
40
10
1,3
30
1,3
30
1,3
30
1,3
5
1,5
2,5
1,3
33,7
5
33,7
2,5
1,5
1,3
80
38,7
1,3
1,3
1,5

Die Türen aus 13 mm dicker Tischlerplatte, als Stil-Fassaden gestaltet, werden mit Scharnieren am Rohbau des Puppenhauses befestigt.

Der obere Giebel der Fassade wird mit Hilfe einer Schablone ausgeschnitten und mit Leim sowie Nägeln am Dachfirst fest angebracht.

Die Fensterrahmen werden aus Leisten geschnitten, zusammengeleimt, eventuell zusätzlich mit Stiften verbunden und weiß lackiert.

Nachdem die Fenster Scheiben aus Transparentpapier mit Sprossen aus Klebestreifen erhalten haben, werden sie auf die Fensterausschnitte geleimt.

Munterer Malkerl

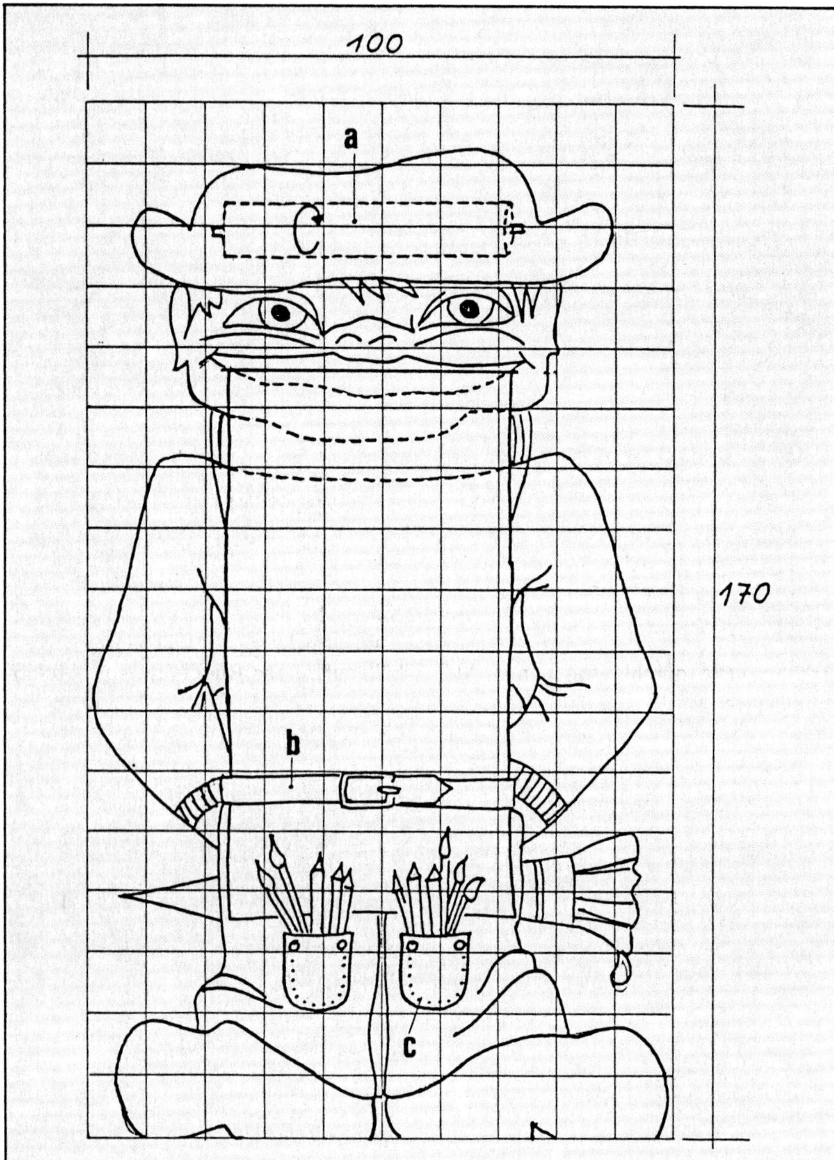

Man braucht kein großer Künstler zu sein, um die Skizze vom munteren Malkerl aufs Holz zu übertragen. Dem Gitternetz auf unserer Zeichnung entspricht ein 10 × 10-cm-Gitternetz auf der 12 mm starken Sperrholzplatte, aus welcher der Malkerl mit der Stichsäge ausgesägt wird.
Wenn die äußeren Konturen ausgeschnitten sind, geht es ans Aussägen des

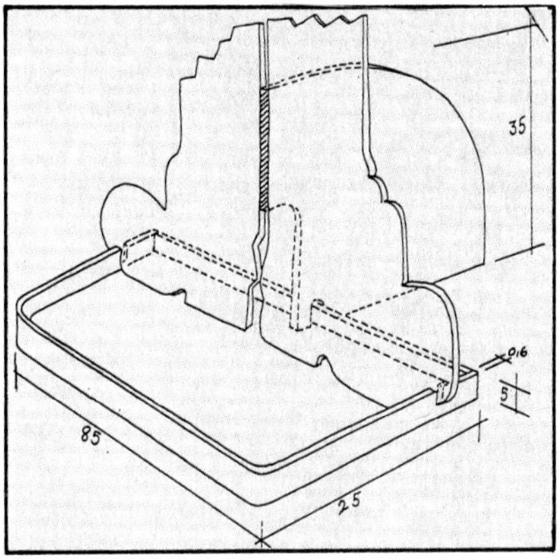

Zwickels zwischen den Beinen, in den später von der Rückseite die Stütze zwischen Figur und Grundplatte eingesetzt wird. Der Mund, aus dem die Rauhfaserbahn durch einen Schlitz herauskommt, ist 4 mm breit. Er verläuft mit einer Neigung von 45° nach unten, damit die als Malfläche dienende Rauhfaserbahn glatt durchlaufen kann. Auf der Rückseite wird eine Halterung (a) für die Rauhfaserrolle angeschraubt. Sie besteht aus zwei leuchtend rot lakkierten Eisenwinkeln, die im Abstand von 565 mm mit je zwei Halbrundkopfschrauben angeschraubt werden. Als Achse zwischen beiden Winkeln dient ein Stück 4–5 mm starker Stahldraht, der mit zwei Stellringen gegen seitliches Herausrutschen gesichert wird.

Den großen Schlapphut, der die Tapetenrolle verbirgt, haben wir mit Resten von Jeansstoff gestaltet, konturgenau zugeschnitten und mit Spezialkleister aufgeklebt. Aus demselben Material sind auch die Hosentaschen (c) zurechtgeschnitten, die zum Schutz gegen etwaige Farbflecken innen mit Plastikfolie hinterlegt und mit Polsternägeln an den hölzernen Hosenbeinen angenagelt wurden. Der Gürtel (b) unseres Malkerls besteht aus 3×20-mm-Flacheisen und ist an den Enden mit je einer 4-mm-Bohrung zum Anschrauben versehen. Das fertig gebohrte Flacheisen erhält auf seiner Rückseite eine Abreißkante, indem wir zwei Metallsägeblätter so aufkleben, daß die feinen Zähne

Materialliste

Anz.	Bezeichnung	Maße in mm	Material
1	Platte	1800×1100	Sperrholz 12 mm dick
1	Platte	400× 300	Beschichtete Spanplatte
1	Fuß	850× 250	19 mm dick
1	Bande	2500 lang	Sperrholz 60×4 mm

2 Eisenwinkel, Schenkellänge 12 cm, 15 mm breit , 4 mm stark; Stahldraht 60 cm lang, Ø ca. 4 mm; 2 Stellringe Ø 4 mm; 6 Halbrundkopfschrauben 4×15 mm; 20 Polsternägel; starke Plastikfolie ca. 20×40 cm; 1 Flacheisen 60 cm lang, 3×20 mm; 4 Unterlegscheiben Bohrung 4 mm; 5 m Kantenband zum Aufbügeln; Tischlerstifte oder Spanplattenschrauben; Lackspachtel; Jeansstoff; 2 Metallsägeblätter.

an der Unterkante etwa einen Millimeter überstehen. Die Metallsägeblätter werden durch Abknicken auf die notwendige Länge gebracht.

Wenn der Kleber abgebunden hat, schrauben wir den so präparierten Gürtel mit Halbrundkopfschrauben in der vorgesehenen Höhe an unserem Malkerl an. Damit sich die Rauhfaserbahn hinter dem Gürtel durchführen läßt, wird er mit je zwei Unterlegscheiben auf etwa zwei Millimeter Abstand zum Sperrholzbauch des Malkerls gebracht.

Festen Stand erhält der Malkerl durch seinen großen Fuß, dessen Grundplatte mit der Stichsäge aus 19 mm starker beschichteter Spanplatte ausgeschnitten wird. Ringsum leimen wir dann eine 6 cm hohe Bande aus 4 mm starkem Sperrholz an. Der Sperrholzstreifen wird so geschnitten, daß die Faserrichtung der Deckfurniere senkrecht verläuft, so daß sich der Streifen gut biegen läßt. Er wird zusätzlich mit Tischlernägeln oder kleinen Spanplattenschrauben an der Stirnkante der Grundplatte befestigt. Dort, wo die Schuhe des Malkerls über die Fußplatte hinausgreifen, wird die umlaufende „Bande" mit einem 12 mm breiten Schlitz versehen.

Malkerl, Fußteil und Stütze werden durch eine einfach zu lösende Steckverbindung miteinander verbunden. Wenn die Rauhfaserrolle eingesetzt und ihr freies Ende durch den Mund des Malkerls und hinter seinem Gürtel hindurchgeführt ist, kann das Malvergnügen beginnen. Taschen und Fußteil nehmen Pinsel und Farben auf und sorgen dafür, daß die Umgebung des Malplatzes aufgeräumt und frei von Farbspritzern bleibt.

Der Umriß wird entsprechend der Gitterzeichnung Raster für Raster nachgezeichnet. Dazu wird auf der Grundplatte ein feines Netz von Hilfslinien in Gitterform aufgebracht. Die Konturen überträgt man mit einem dicken Bleistift.

Mit den Taschen aus Jeansstoff gewinnt der Malkerl zusätzliche Attraktivität. Darin können später die Pinsel aufbewahrt werden. Mit Polsternägeln werden die Stoffzuschnitte befestigt, nachdem das Sperrholz zuvor farbenprächtig lackiert wurde.

Spielclown und Garderobe

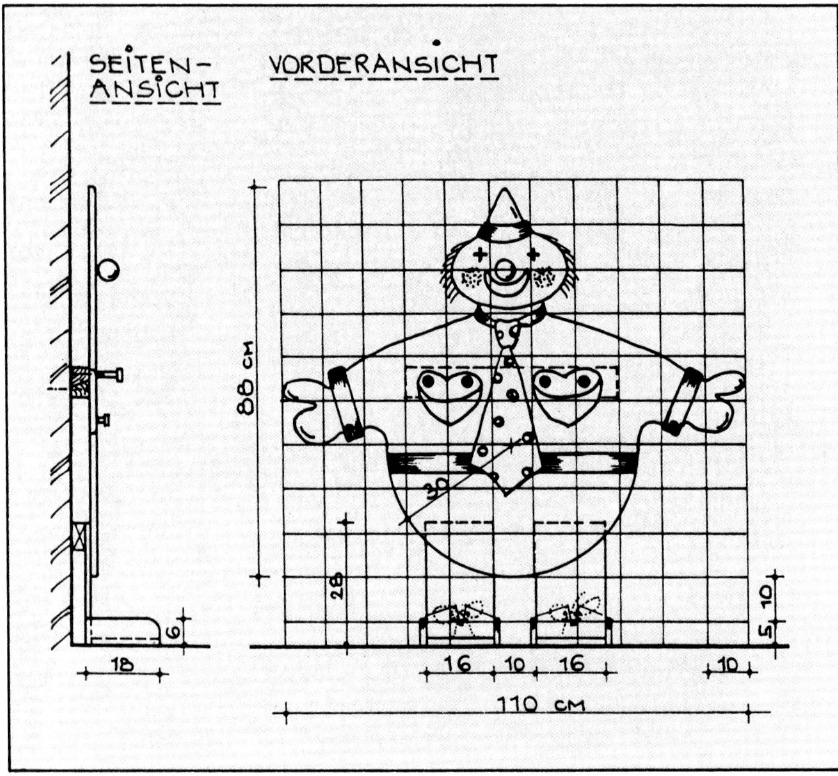

Eine attraktive, farbenfröhliche Garderobe für das Kinderzimmer läßt sich auf einfache Art selbst herstellen. Sie bietet den benötigten Platz, um Jacken, Regenmäntel, Gummistiefel und Turnbeutel ordentlich unterzubringen, und dient gleichzeitig als lustiges Spielgerät.

Der originelle Garderobenclown wird aus einer 13 mm starken, grundierfolienbeschichteten Spanodur-Platte angefertigt. Um die Konturen des Körpers auf die Platte zu bringen, wird zunächst das Raster übertragen. Übrigens: Der Clownkörper muß nicht rechts und links gleich sein. Leicht unterschiedliche Proportionen beleben das Aussehen des Kinderlieblings.

Das Aussägen der Form mit der Stichsäge ist erleichtert, wenn zwischen Daumen und Hand des Clowns jeweils ein 10-mm-Loch vorgebohrt wird. Aus dem Verschnitt, der beim Aussägen der Figur anfällt, lassen sich die Beine sowie die Einzelteile der Füße herstellen, die durch einen 60 mm dicken „Doppelboden" verstärkt werden. Alle Verbindungsstellen von Holz und Kunststoff (Grundierfolie) werden geleimt. Treffen zwei Grundierfolien aufeinander, ist UHU Alleskleber Kraft anzuwenden. Zusätzlich sind an den besonders belasteten Verbindungspunkten Holzschrauben einzusetzen.

Für die Aufhängung an der Zimmerwand ist eine 500 mm lange Fichtenholzleiste vorgesehen (80 × 40 mm). Die Leiste kann in der Längsrichtung entweder mit einer Kreis- oder einer Stichsäge schräg geteilt werden, wodurch es möglich ist, einen Teil an die Wand zu dübeln und den anderen an der Rückseite des Clowns zu befestigen. Auf diese Weise erhält man zusätzlich eine stabile Aufhängung des Garderobenclowns, da ein Verrutschen durch die abgeschrägten Leisten nicht möglich ist.

Hinter die Beine des Clowns werden zwei Abstandsklötze geleimt, damit die komplette Figur an der Wandfläche anliegt. Die großen Kleiderknöpfe werden in Höhe der Brusttaschen eingesetzt und mit der Holzleiste an der Rückseite des Figurenkörpers verschraubt. An den Armen des Garderobenclowns kann man zwei weitere Kleiderhaken anbringen. Die Haare des Clowns bestehen aus Garn, das sich mit Sprühlack einfärben läßt.

Materialliste

Anz.	Bezeichnung	Maße in mm	Material
1	Platte für den Körper	1100×880	Spanodur 13 mm dick
	Aus dem Verschnitt:		
2	Beine	280×160	
4	Füße (Seiten)	180× 60	
2	Füße (Böden)	167×160	
1	Leiste als Wandaufhängung	500 lang	Fichte 80×40 mm
2	Abstandshalter	60×60	Fichte 27 mm

1 Nase ∅ 50 mm; 4 Kleiderhalter ca. 50 mm lang, ∅ 20 mm; 2 Kleiderhalter ca. 20 mm lang, ∅ 20 mm.

Mit einer Stichsäge (möglichst mit Spanreißschutz) wird die zuvor mit Hilfe des Gitterrasters aufgezeichnete Figur des nützlichen Spielclowns ausgeschnitten. Dabei können auch enge Bögen und Rundungen exakt nachgeformt werden. Ein feingezahntes Sägeblatt macht entsprechend saubere Schnittkanten möglich.

Die Füße des Spielclowns werden besonders belastet, weil hier Schuhe abgestellt werden sollen. Deswegen muß man für stabile Verbindungen der Beinformen am rundlichen Clownsfigur-Korpus sorgen. Sie werden nicht nur mit schnell abbindendem und kraftvollem Alleskleber gesichert, sondern zusätzlich verschraubt.

Die Schnittkanten müssen vor dem Lackieren grundiert werden, denn in Spanplatten gibt es braunfärbende Holzinhaltsstoffe, die wasserlöslich sind und einen frischen Lackauftrag verfärben. Mit wasserhaltigem Holzgrund ist diese Gefahr verhindert.

Weil für den Bau der Clownsfigur grundierfolienbeschichtete Spanplatte eingesetzt wird, liegt ein Untergrund vor, der sich mit den fortschrittlichen und umweltfreundlichen Acryllacken direkt streichen läßt, die wasserhaltig sind und schadstoffarm.

Wagen für Schmusetiere

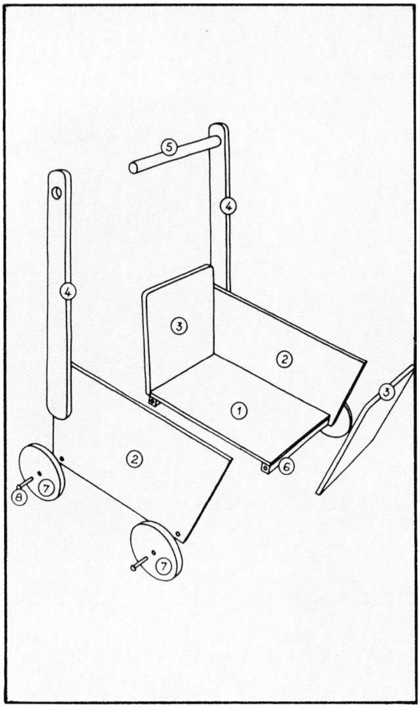

Zuerst sind alle Teile nach den Maßangaben der Materialliste zuzuschneiden und dann unter Leimzugabe zu verschrauben. Dabei die Schrauben versenken und sorgfältig spachteln. Löcher für Gewindedübel M6 einbringen: Die Tiefe so wählen, daß die Dübel etwa 5 mm aus den Teilen 2 hervorstehen. Auf Kopfholzkanten und Räder Umleimer bügeln. Anschließend mit dem Forstnerbohrer (∅ 18 mm) die Bohrungen für den Griff (5) in die Führungsleisten (4) einbringen. Die Teile miteinander verleimen und über die Seitenteile (2) stülpen. Dann verleimen, verschrauben und spachteln. Das fertige Stück grundieren, schleifen und lackieren. Die vier Räder mit Gewindeschrauben befestigen; dabei so viel Spiel lassen, daß sie sich leicht drehen.

Materialliste

Anz.	Bezeichnung	Maße in mm	Material
1	Boden	430 × 230	Spanplatte 10 mm dick
2 2 2	Seitenteile Kopfteile Führungsleisten	560/460 × 230 250 × 230 500 × 40	Tischlerplatte 16 mm dick
1	Griff	294 lang	Buche ∅ 18 mm
2	Versteifungen	230 lang	Tanne 20 × 20 mm
4	Räder	∅ 130	Tischlerplatte 16 mm
4	Gewindeschrauben	M6 × 50	mit Gewindedübel

Schnellbauschrauben; Umleimer; Holzleim.

Servicestation für Spielzeugautos

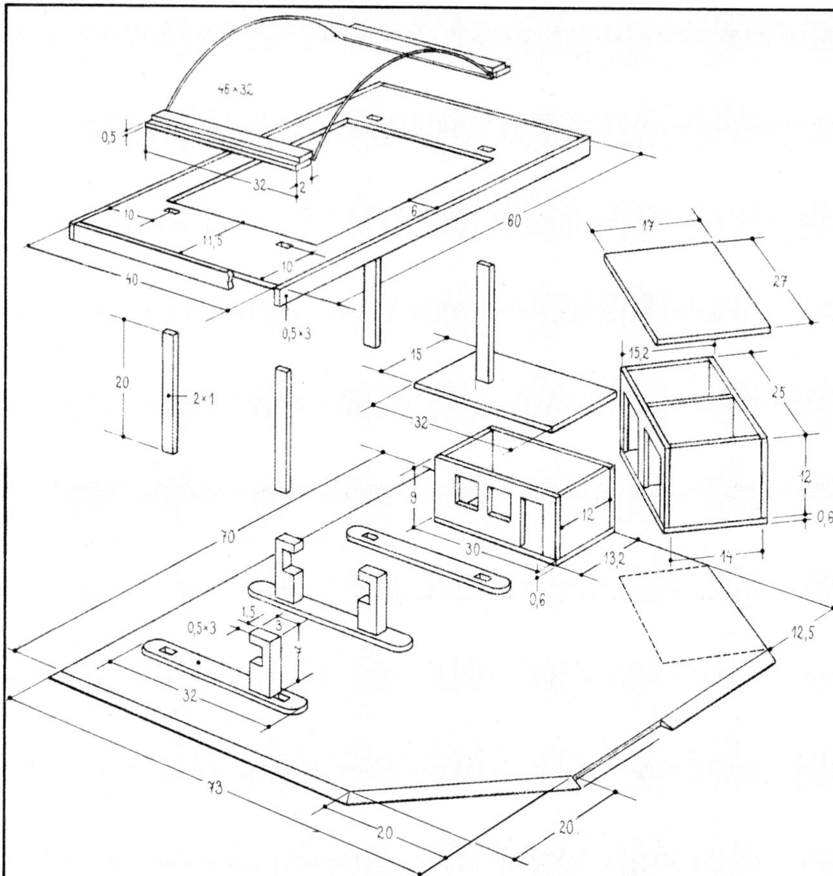

Die verschiedenen Aufbauten dieser Servicestation für Spielzeugautos sind frei beweglich und können – wenn die Tankstelle nicht benötigt wird – platzsparend demontiert werden.

Die Grundplatte aus 10 mm starkem Sperrholz (730 × 700 mm) wird an zwei Seiten abgeeckt. Schöner sieht es aus, wenn um die Schnittkanten der Bodenplatte herum 20 × 10 mm starke Holzleisten angebracht werden. Sind diese entsprechend bearbeitet, lassen sie sich mit Weißleim und Stiften an den Seitenkanten der Bodenplatte anbringen.

Aus der 600 × 400 mm großen und 10 mm starken Dachplatte sägt man eine Aussparung mit den Maßen 370 × 280 mm. Die Außenkanten des Dachs können nun mit 30 × 5 mm starken Holzleisten umrandet werden.

Die Dachkonstruktion besteht aus vier senkrechten Stützen. Die obere Auflage entsteht, indem man in die Dachplatte entsprechend der Konstruktionszeichnung vier Aussparungen einarbeitet, die der Stärke der senkrechten Stützen entsprechen. Über diese Aussparungen werden nun je zwei Leisten (20 × 10 mm) auf die Dachfläche aufgeleimt, so daß sich hier später die Säulen einstecken und mit Weißleim fixieren lassen. Die beiden oberen Leisten sind um einige Millimeter nach innen versetzt; an der so überstehenden Kante läßt sich die transparente Kuppel unterhaken. Das 1 mm starke Acrylglas kann so jederzeit abgenommen werden. Es fehlen noch die Bodenstege (30 × 5 mm). Die beiden äußeren Leisten werden ebenfalls mit den Aussparungen für die Dachsäulen versehen. Sie werden mit den 200 mm langen senkrechten Stützen verleimt.

Der dritte Steg wird, im Gegensatz zu den beiden anderen, auf die Bodenplatte geleimt. Er dient als Standfläche für die Zapfsäulen, die sich aus einem 30 × 70 mm großen Holzklotz anfertigen lassen. Mit einem Beitel werden die 22 × 22 mm großen Aussparungen eingearbeitet.

Die Waschhalle und der Verkaufsraum werden aus 6 mm starkem Sperrholz gefertigt. Bei beiden Häusern sind die Dächer abnehmbar. Damit sie immer richtig aufliegen, werden an den Dachunterseiten kleine Holzklötze eingeleimt. Jetzt fehlen noch einige Details wie etwa der große Schildermast. Er läßt sich aus zwei Rundhölzern herstellen, die je zweimal durchbohrt werden müssen, um die beweglich aufgehängten Tafeln für die Benzinpreise anbringen zu können. Die Schildertafeln werden mit Ringschrauben an den Querstreben befestigt.

Bei der Verzierung der Tankstelle sind

Materialliste

Anz.	Bezeichnung	Maße in mm	Material
1 1	Grundplatte Dach	730 × 700 600 × 400	Sperrholz 10 mm dick
2 2 3	Dachumrahmungen Dachumrahmungen Bodenstege	610 lang 400 lang 320 lang	Fichte 30 × 5 mm
4 1	Dachstützen Umleistung	200 lang 2000 lang	Fichte 20 × 10 mm
4	Dachhalterungen	320 lang	Fichte 20 × 5 mm
6	Zapfsäulen	70 lang	Fichte 30 × 15 mm
1	Kunststoffdach	460 × 320	Acrylglas 1 mm dick
2 2 1 1 2 3 1 1	Verkaufsraum Verkaufsraum Verkaufsraum Verkaufsraum Waschhalle Waschhalle Waschhalle Waschhalle	300 × 90 120 × 90 300 × 132 320 × 150 250 × 120 140 × 120 250 × 152 270 × 170	Sperrholz 6 mm dick

Nägel 15 und 20 mm.

der Phantasie keinerlei Grenzen gesetzt. Farbiger Lack, Klebebuchstaben, Klebepapier und Dekorband von Tesa bieten vielerlei Variationen. Zum Beispiel lassen sich auch noch „Pflanzen“ und „Sträucher“ anbringen. Mit den Dekorbändern können die Häuser der Tankstelle mehrfach farbig akzentuiert werden. Es gibt sie in zahlreichen aktuellen Farbtönen. Auch die Zapfsäulen können mit silbernem Dekorband zweifarbig gestaltet werden. Sind sie beklebt, werden sie mit Alleskleber auf der vorgesehenen Leiste der Bodenplatte fixiert.

In dem Dachrahmen ist es nötig, die Aussparungen für die vier senkrechten Stützen einzuarbeiten. Dazu wird entsprechend vorgebohrt. Anschließend werden die Löcher mit dem Stechbeitel auf das benötigte Maß gebracht.

Einer der beiden Befestigungspunkte für das formschön geschwungene Kunststoffdach. Die zwei Leisten, von denen die obere übersteht, sorgen in Verbindung mit der „Dachspannung“ für festen Halt.

Die „Tanksäulen“ werden aus rechtwinkligen Massivholz-Zuschnitten angefertigt, aus denen die erforderlichen Aussparungen mit einem Stechbeitel herausgearbeitet werden. Sauberes Bearbeiten der Oberflächen mit Schleifpapier sollte folgen.

Mobiles Gartenspielhaus

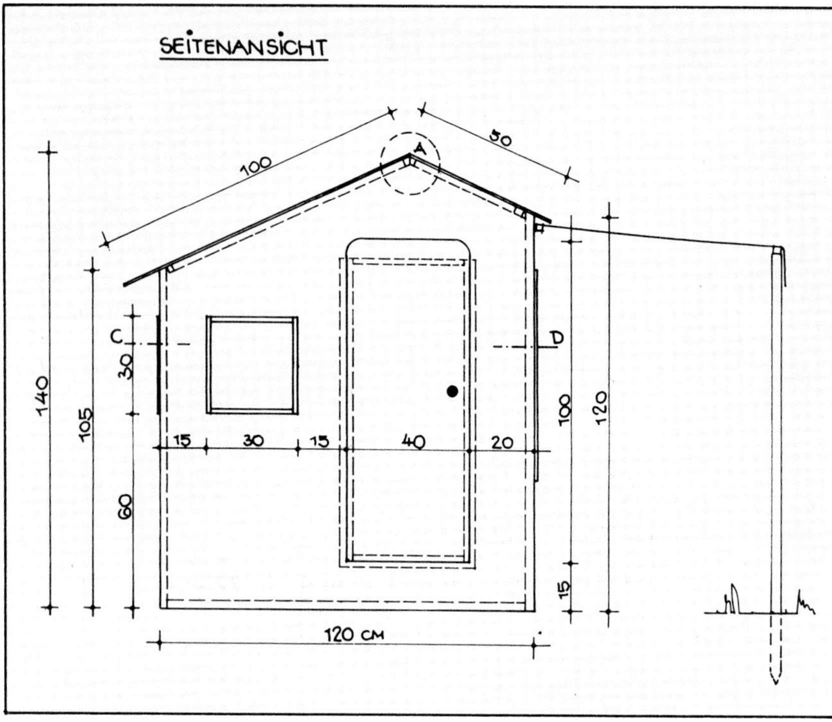
SEITENANSICHT
100
50
A
C
D
140
105
30
60
15
30
15
40
20
100
120
15
120 CM

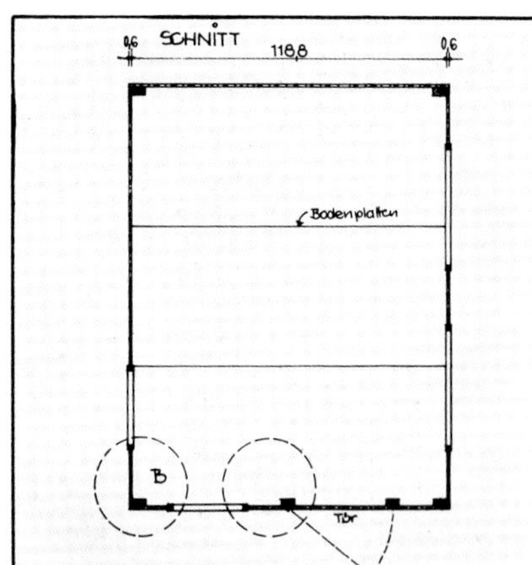
SCHNITT
0,6
118,8
0,6
Bodenplatten
B
Tür

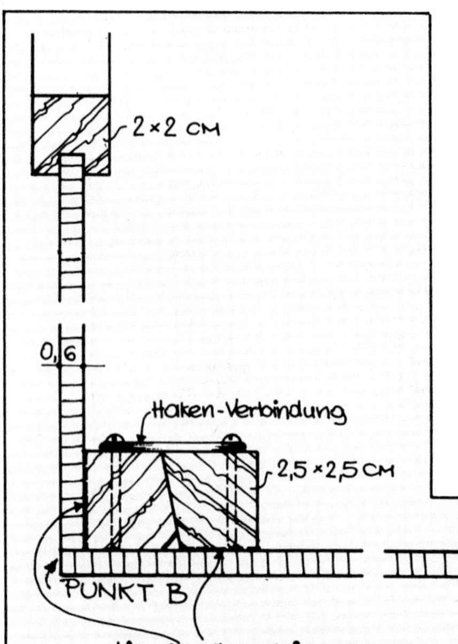
2×2 CM
0,6
Haken-Verbindung
2,5×2,5 CM
PUNKT B
hier jeweils anleimen
FENSTER

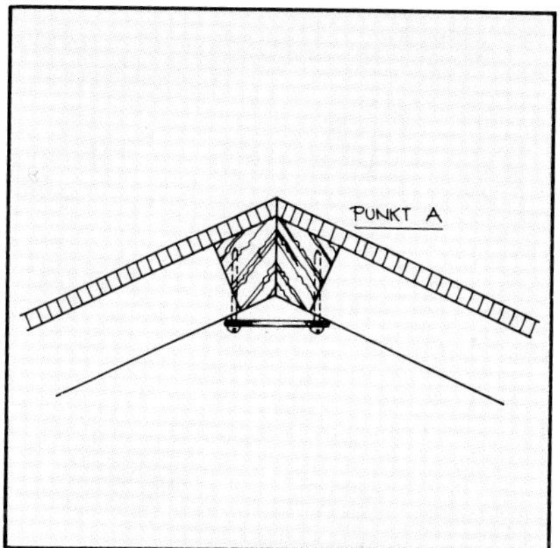

Ohne allzuviel Material- und Werkzeugaufwand läßt sich das mobile Gartenspielhaus für Kinder anfertigen. Gebaut wird es aus 6 mm dickem Sperrholz, das möglichst wasserfest verleimt sein sollte. Außerdem werden Vierkantleisten gebraucht, die als Verstärkungsrahmen für die einzelnen Bauteile dienen. An ihnen werden auch die Überwurfhaken und -ösen angeschraubt, mit denen die Wände und Dachteile verbunden werden.

Man beginnt mit dem Abschrägen der Vierkantleisten. Durch diese Schrägen

Materialiste

Anz.	Bezeichnung	Maße in mm	Material
1	Dach	1600 × 1000	Sperrholz 6 mm dick
1	Dach	1600 × 500	
2	Giebel	1400 × 1200	
1	Vorderwand	1500 × 1200	
1	Rückwand	1500 × 1050	
3	Bodenplatten	1186 × 499	Spanplatte 13 mm dick
4	Fensterumrahmungen	650 lang	Fichte massiv 20 × 20 mm
4	Fensterumrahmungen	300 lang	
4	Fensterumrahmungen	410 lang	
4	Fensterumrahmungen	260 lang	
4	Bodenleisten	1136 lang	Fichte massiv 25 × 25 mm
2	Giebelleisten	1220 lang	
2	Giebelleisten	1070 lang	
2	Giebelleisten	1138 lang	
2	Giebelleisten	ca. 850 lang	
2	Giebelleisten	ca. 420 lang	
4	Türleisten	950 lang	
1	Türleiste	450 lang	
2	Türleisten	350 lang	
2	Seitenleisten	1250 lang	
2	Seitenleisten	1070 lang	
4	Seitenleisten	1450 lang	
4	Dachleisten	1450 lang	
3	Dachleisten	ca. 850 lang	
3	Dachleisten	ca. 420 lang	
2	Markisenleisten	1500 lang	
2	Markisenstützen	ca. 1400 lang	

Markisenstoff 150 × 90 – 100 cm; 1 Klavierband 950 mm lang oder 2 Scharniere; 14 Haken als Verbindungselemente.

erhalten die Eckverbindungen besondere Stabilität. An den senkrechten Wänden werden die Verstärkungsleisten angeleimt und verschraubt. Dabei soll wasserfester Holzleim zugegeben werden. Damit die Fenster dekorativ wirken, werden genutete Hölzer eingesetzt. Um diese Nuten auszuführen, sind zwei jeweils 3 mm dicke Schnitte mit der Kreissäge nebeneinander erforderlich. Die Leisten werden in die Fensterausschnitte eingeleimt.
Nun werden die einzelnen Hausteile mit den inzwischen angebrachten Überwurfhaken zusammengebaut. Die Dachflächen werden aufgelegt. Von innen läßt sich die genaue Lage der Verstärkungsleisten anzeichnen, die so angeschraubt und angeleimt werden, daß die Dachteile genau in den „Rohbau" des Spielhauses eingreifen. Am First werden die Leisten abgeschrägt, wie aus Punkt A der Konstruktionszeichnung hervorgeht.

Auch das Dach wird mit Verbindungshaken befestigt. Die Dachecken sollte man abrunden.
Die Tür wird ebenfalls mit Verstärkungsleisten in sich stabilisiert. Außerdem sollte auch um den Türausschnitt in der entsprechenden Spielhauswand eine Verstärkung mit Vierkantleisten ausgeführt werden. Die Tür selbst läßt sich mit Klavierband oder Scharnieren anschrauben. Nun sind noch ein Griff und ein Magnetschnäpper anzubringen. Der Boden des Spielhauses besteht aus drei Spanplatten, die mit Leisten verstärkt und an den Spielhausecken ausgeklinkt sind. Eingelegt wird der Boden erst dann, wenn das Haus aufgebaut ist. Besonders dekorativ wirkt die Gartenwohnung für Kinder mit einer Markise. Sie wird mit Leisten am Dach befestigt. Das andere Ende der Markise läßt sich an einem in den Boden gesteckten U-förmigen Leistengerüst antackern.

Die Fensteröffnungen werden mit der Stichsäge ausgeschnitten und anschließend mit Leisten profiliert. Dazu werden diese entsprechend genutet. Zwei der Leisten müssen zusätzlich auch an ihren Stirnseiten eine 6 mm dicke Nut erhalten.

Mit Leistenrahmen werden die einzelnen Teile des Spielhauses verstärkt. Die Türen werden mit zwei Scharnieren angeschraubt. Die einzelnen Wände des Spielhauses werden durch Haken und Ösen miteinander verbunden, so daß das Haus leicht auf- oder abzubauen ist.

Haus mit Terrasse und Markise

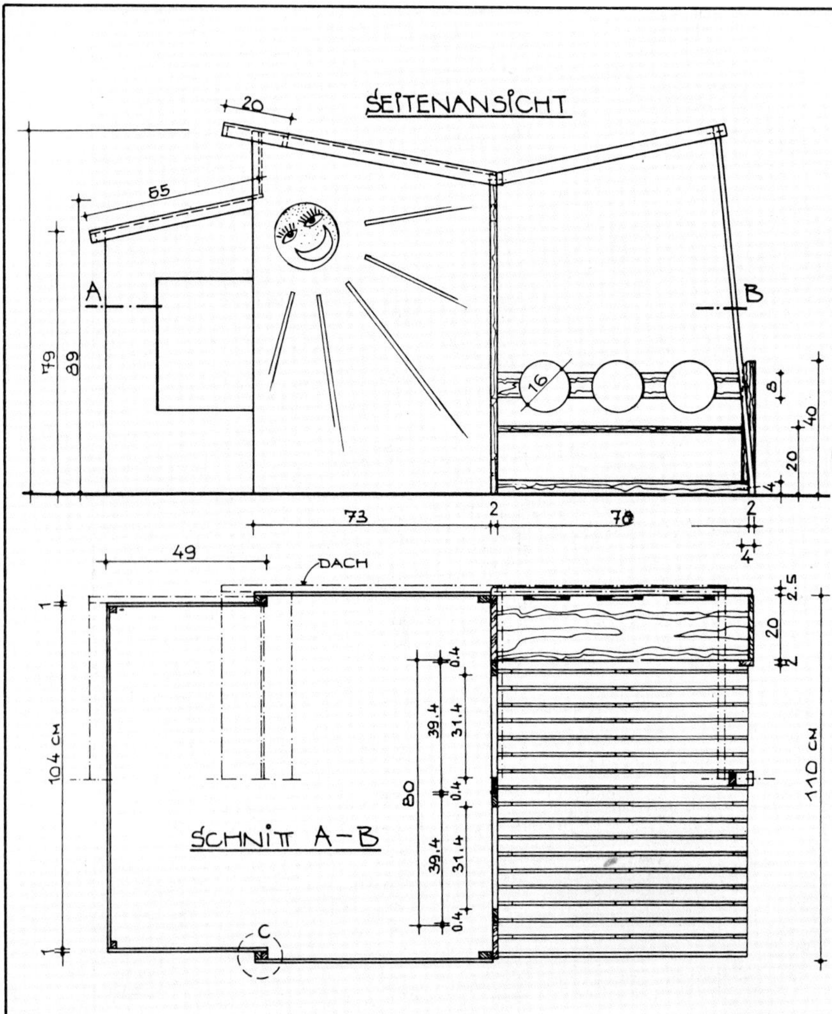
SEITENANSICHT
20
55
A
B
79
89
16
8
40
20
4
73
2
70
2
4
49
DACH
2.5
20
2
1
104 CM
0.4
39.4
31.4
80
0.4
39.4
31.4
0.4
110 CM
SCHNITT A-B
C
1

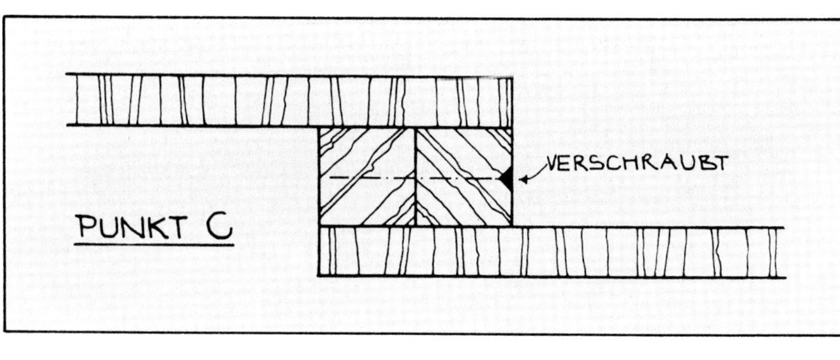
VERSCHRAUBT
PUNKT C

Materialliste

Anz.	Bezeichnung	Maße in mm	Material
	Anbau:		
2	Seitenwände	490 × 890	wasserfestes
1	Stirnwand	1040 × 790	Sperrholz
1	Dach	1060 × 550	10 mm dick
2	Dachleisten	550 lang	Fichte 20 × 40 mm
1	Dachleiste quer	1060 lang	Fichte 20 × 30 mm
2	senkr. Eckleisten	890 lang	Fichte
2	senkr. Eckleisten	790 lang	20 × 20 mm
	Haupthaus:		
2	Seitenwände	1090 × 730	wasserfestes
1	senkr. Wandstreifen	1100 × 185	Sperrholz
1	waager. Dachstreifen	1120 × 200	10 mm dick
2	Dachleisten	860 lang	
2	senkr. Eckleisten	980 lang	Fichte 20 × 40 mm
1	Dachleiste	1120 lang	
2	senkr. Eckleisten	1090 lang	Fichte 20 × 20 mm
1	Dachleiste	1120 lang	Fichte
1	Dachleiste innen	1100 lang	20 × 30 mm
	Stirnwand am Haupthaus:		
1	Seite links	970 × 100	
1	Seite rechts	970 × 200	Leimholz
1	oberes Querstück	800 × 100	19 mm dick
1	unteres Querstück	800 × 50	
	Türrahmen, Vordach-Rahmen, Terrasse:		
4	Leisten senkr.	815 lang	
4	Leisten quer	314 lang	
2	seitl. Leisten	730 lang	Fichte
2	Querleisten	1120 lang	20 × 40 mm
1	Stütze	1120 lang	
22	Leisten	780 lang	
3	Verstärkungsleisten	1080 lang	
	Sitzbank:		
1	Sitz	780 × 200	
1	Seite	400 × 200	Leimholz 19 mm dick
1	Seitenanleimer	400 × 40	
1	Rückenleiste	820 lang	Kiefer 20 × 80 mm
3	kreisrunde Lehnen	Ø 160 mm	wasserf. Sperrholz 10 mm dick

1 Kunststoffplane fürs Dach 1800 × 1200 mm; 16 Druckknöpfe; zwei Stück Rollglas à 810 × 390 mm.

Markante Kennzeichen dieses Spielhauses sind die große Terrasse, die mit einer aufrollbaren Markise überdacht ist, die beweglichen Türen sowie die gemütliche Holzbank im Freien. Dabei werden Terrasse, Vordach und Bank erst nachträglich am „Haupthaus“ angebracht.

Das gleiche gilt auch für den hinteren Anbau. Dessen Wände bestehen aus wasserfest verleimten Sperrholzplatten. Beide Seitenteile können an der Vorderkante um zehn Zentimeter gekürzt werden, um so den Winkel der Dachneigung zu erhalten. Anschließend die Verbindungsleisten innen in die Ecken einschrauben. In den beiden äußersten Winkeln werden die beiden 790 mm langen, 20 × 20 mm starken Fichtenholzleisten eingeleimt. Die 890 mm hohen senkrechten Kanten werden mit gleich langen Leisten verstärkt, die aber hier an den Außenseiten angebracht werden müssen. Sie dienen später als Anschlußpunkte mit dem Haupthaus.

Unter das Dach des Anbaus (1060 × 550 mm) werden an der Längsseite eine 20 × 30 mm starke Fichtenholzleiste sowie an die Seiten jeweils 550 mm lange, 20 × 40 mm starke Fichtenholzleisten angeleimt. So vorbereitet, läßt sich das Dach auf die Seitenteile des Anbaus auflegen und durch die Holzleisten mit den Seitenwänden verschrauben.

Auch die Seitenwände des Haupthauses werden mit einer Dachschräge versehen. Dazu wird die Höhe von 1090 mm in Richtung Eingang auf 980 mm verkürzt. Die senkrechten Seiten werden – wie schon am Anbau des Hauses – mit Fichtenholzleisten versehen. An der Eingangsseite des Hauses messen die Holzleisten 20 × 40 mm; an der hohen Seite sind die Fichtenholzleisten wieder 20 × 20 mm stark und können hier mit den Verbindungsleisten am Anbau verschraubt werden.

Um den Höhenunterschied zwischen den beiden Dächern auszugleichen, setzt man auf das Dach des Anbaus ein senkrechtes Brett (1100 × 185 mm), das oben waagerecht durch einen Dachstreifen (1120 × 200 mm) begrenzt wird. Die Dachkanten des Haupthauses werden mit Fichtenholzleisten umrahmt. Unter das 200 mm breite Dachbrett werden noch zwei Querleisten eingeleimt. An der Außenkante des Dachs ist die Leiste 1120 mm lang, während die Leiste, die hinter der senkrechten Wand angeordnet ist, 1100 mm lang ist; sie sitzt zwischen den Hauswänden. Die Fichtenholzleiste, die an der Eingangsseite eingeleimt wird, ist deswegen ebenfalls nur 1100 mm lang.

Der Eingangsbereich des Spielhauses ist mit beweglichen Türen versehen. Zwischen die 970 × 100 mm große Leimholzplatte (links senkrecht) und die 970 × 200 mm große Platte (rechts senkrecht) werden zwei 800 mm lange Leimholzplatten (oben 100 mm stark, unten 50 mm) eingesetzt. Die Türflügel werden aus jeweil zwei 314 mm langen Querstreben und zwei 815 mm hohen senkrechten Fichtenholzlatten zusammengebaut. Beide Türen werden mit Scharnieren am Türrahmen angeschlagen. Der Eingangsbereich kann nun komplett vor die Stirnseite des Hauses geschraubt werden.

Das Markisenvordach läßt sich aus einem Holzrahmen herstellen. Damit dieser in sich stabil ist, sollten in die Ecken Sperrholzdreiecke geleimt werden.

Die Terrasse besteht aus 22 Leisten (780 mm lang), unter die drei Querleisten (1080 mm lang) als Sockel geleimt werden. Für die Holzbank, die wir für die rechte Seite der Terrasse eingeplant haben, sind einige Vorarbeiten nötig. Der 400 × 40 mm große Anleimer aus 19-mm-Leimholz muß zunächst an der Unterkante entsprechend den Maßen der Terrasse ausgeklinkt werden. Er

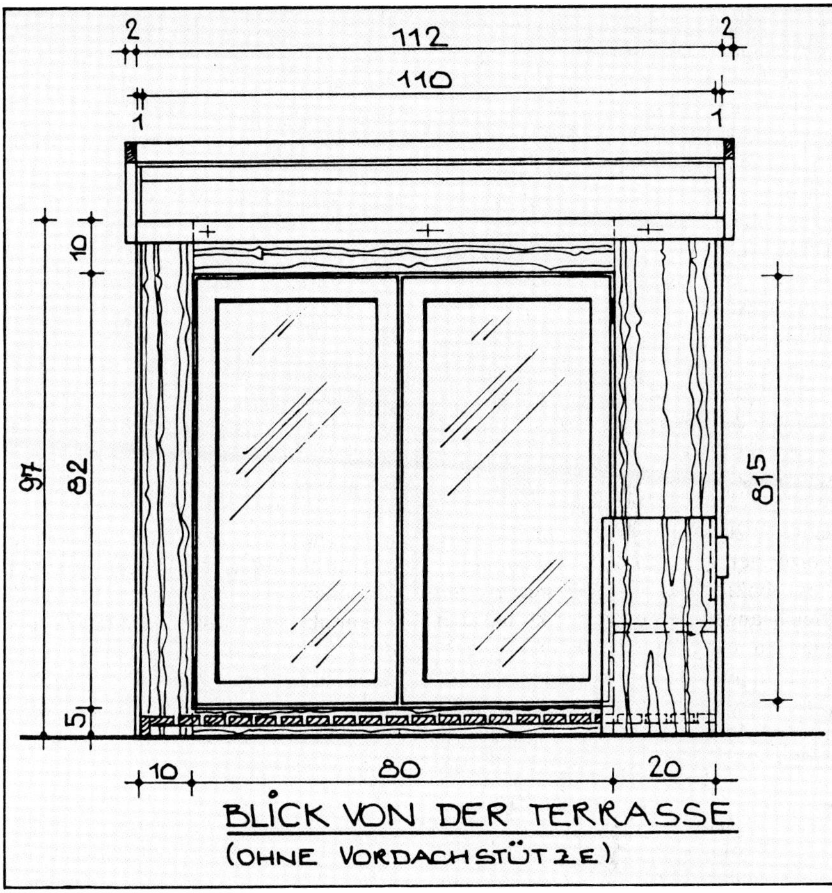

wird mit der 400 × 200 mm großen Platte verbunden, die das Seitenteil der Sitzbank bildet. Die Sitzfläche (780 × 200 mm, ebenfalls aus 19-mm-Leimholz) kann in diesen Seitenwinkel eingeleimt und verdübelt werden.
Nun wird die Terrasse vor den Eingangsbereich gelegt und vom Haus her verschraubt. Auf die Terrasse läßt sich der Seitenwinkel – an dem schon die Sitzfläche befestigt ist – aufsetzen. Die Verbindungsstellen werden wasserfest geleimt und ebenfalls vom Hausinneren her verschraubt. Der Markisenrahmen wird mit der Stirnseite des Spielhauses verschraubt.
Noch vor dem Anschlagen der beiden Eingangstüren werden diese mit Rollglas versehen. Mit Alleskleber läßt sich das Rollglas von innen an den hölzernen Türrahmen fixieren. Die kompletten Türen lassen sich mit Hilfe von Scharnieren an der Stirnseite des Kinderspielhauses anschlagen. Als Arretierung kleben wir mit Alleskleber einen Streifen Rollglas über die Türschwelle, so daß die Rundung nach oben hin etwas übersteht.

Mit der Stichsäge werden die Fensteröffnungen ausgeschnitten.

Die vorbereiteten Hauswände werden miteinander verleimt und verschraubt.

Der Markisenstoff sollte angetackert werden.

Umweltschonende wasserhaltige Acryllacke machen das Spielhaus farbenfroh und wetterfest.

Kinderhaus mit Rutschbahn

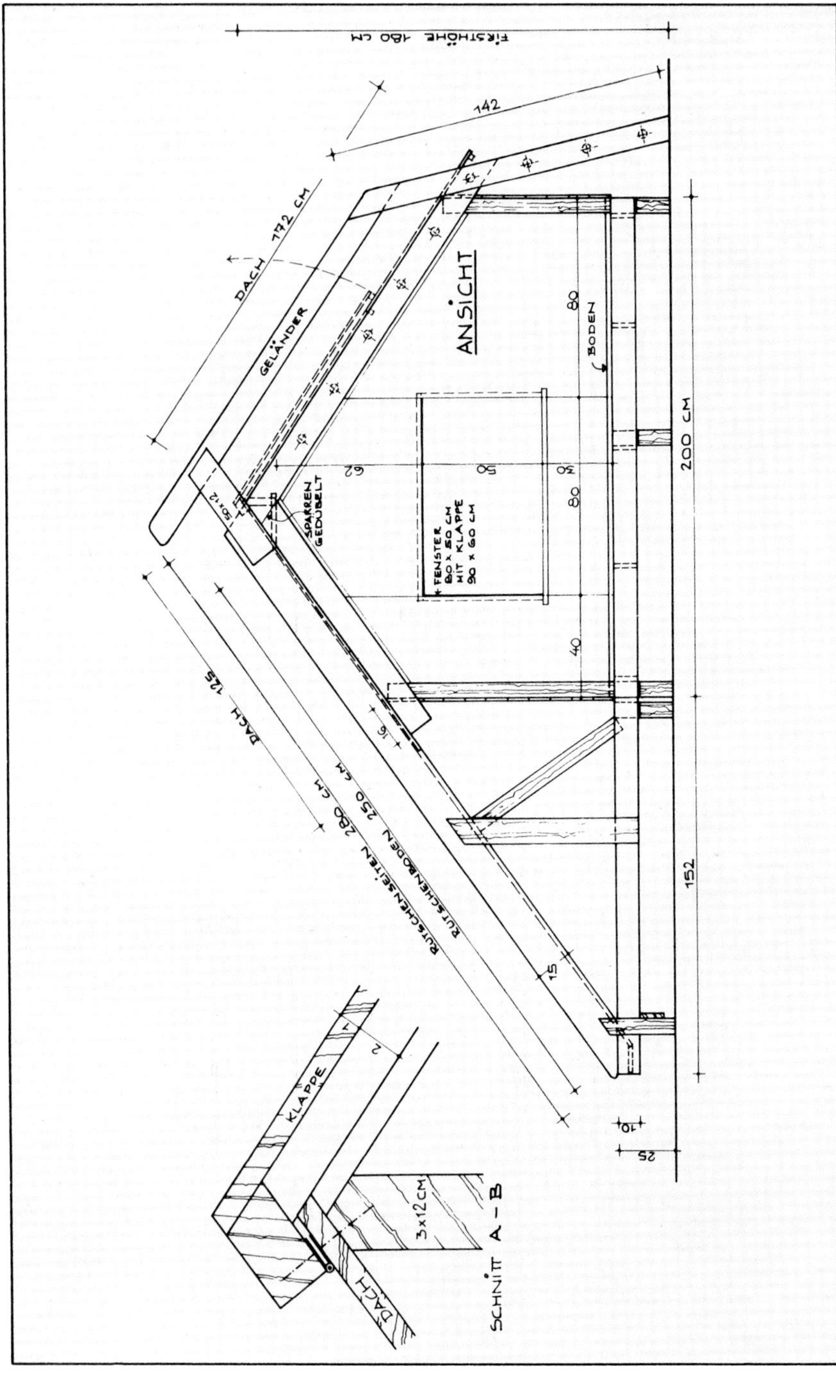
FIRSTHÖHE 180 CM
142
DACH 172 CM
GELÄNDER
ANSICHT
80
BODEN
200 CM
62
50
30
80
FENSTER 80 x 50 CM MIT KLAPPE 90 x 60 CM
SPARREN GEDÜBELT
40
DACH 125
16
RUTSCHENSEITEN 280 CM
RUTSCHENBODEN 250 CM
15
152
10
25
KLAPPE
3x12 CM
DACH
SCHNITT A–B

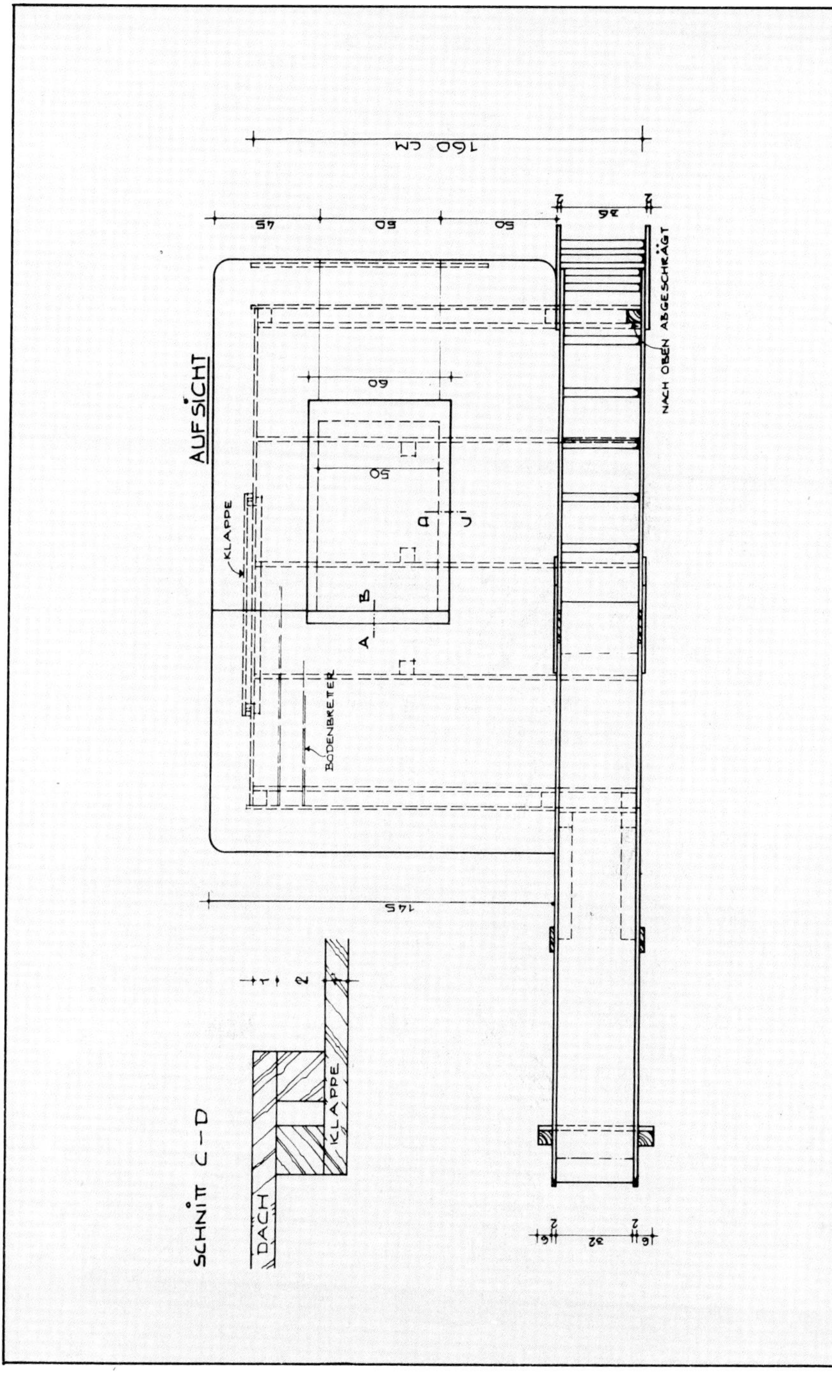
AUFSICHT
SCHNITT C–D
KLAPPE
BODENBRETTER
DACH
NACH OBEN ABGESCHRÄGT
160 CM
45
60
50
145
36
32
A
B
C
D

Die Materialliste ist diesmal relativ lang. Bei genauem Ansehen fällt auf, daß viele Teile für die Sicherheit der Kinder sowie für eine hohe Stabilität wichtig sind.

Das Grundgestell des Kinderhauses besteht zunächst aus drei senkrechten Rahmen. Zum Zusammenbau legt man sich am besten jeweils die Einzelteile auf den Boden, um sie dort zu montieren. So lassen sich auch gleich die Winkel des Giebels anzeichnen und zuschneiden. Vordere und hintere Rahmen sind jeweils baugleich. Beide bestehen aus je zwei Giebelleisten, zwei senkrechten Stützen (rechts 950 mm, links 1200 mm) und einem waagerechten Querriegel, der auf einer Höhe von etwa 150 mm angebracht wird, damit das gesamte Haus später nicht direkt auf dem Boden aufliegt. Beim mittleren Rahmen wird zunächst genauso gearbeitet; der waagerechte Riegel entfällt hier, weil dieser Rahmen später an den Verstrebungen der Bodenkonstruktion befestigt wird.

Jetzt kann man damit beginnen, das Haus aufzuschlagen: Zwischen den vorderen und hinteren Rahmen werden rechts und links zwei 1600 mm lange

Materialliste

Anz.	Bezeichnung	Maße in mm	Material
3 3 3	Stützen links Stützen rechts Fußstützen	1200 lang 950 lang 250 lang	Fichte 60 × 60 mm
3 3 2 5 2 2	Sparren links Sparren rechts Querbalken Bodenverstärkungen Leiterseiten Geländer	1100 lang 1800 lang 2000 lang 1600 lang 1450 lang 1800 lang	Fichte 100 × 20 mm
16	Bodenbretter	2000 lang	Fichte 95 × 20 mm
19	Seitenverkleidungen	1640 lang	Profilholz mit 88 mm Deckbr.
1	First	1250 lang	Fichte 120 × 30 mm
1 1 1 1 1 1 1 1 1 1	Giebelverkleidung Giebelverkleidung Giebelverkleidung Giebelverkleidung Giebelklappe Dachhälfte links Dachteil rechts Dachteil rechts Dachteil rechts Dachklappe	1120 × 400 1120 × 800 300 × 800 620 × 800 600 × 900 1400 × 1250 1750 × 450 1750 × 500 800 × 500 900 × 600	Spanplatte 10 mm dick
1	Dachklappenanleimer	600 lang	Fichte 30 × 50 mm

Riegel geschraubt und verleimt. Dabei soll auch hier die nötige Bodenfreiheit erhalten bleiben. Die übrigen drei Bodenverstärkungen werden im Abstand von jeweils 40 cm voneinander eingesetzt. Noch bevor die Bodenbretter angebracht werden, kann man an den drei mittleren Bodenstreben Holzklötze plazieren, die der Bodenfläche zusätzliche Stabilität verleihen. Alle Bodenbretter werden mit jeweils fünf Millimeter Abstand voneinander auf das Bodengerüst aufgeschraubt und an einer Kante zusätzlich mit wasserfestem Leim fixiert. Die Zwischenräume sind nötig, damit Regenwasser abfließt, das durch die offene Front des Hauses eindringen kann. Den mittleren Sparrenrahmen können wir nun über den Boden setzen, so daß die lichte Breite oben zwischen den vorderen Rahmen 320 mm beträgt, denn darauf soll später die Rutschbahn aufliegen. Die 350 mm langen Leitersprossen werden in die vorgebohrten Löcher eingeleimt. Sicherheitshalber wird auch noch von außen verschraubt. Bevor der Rohbau für das Kinderspielhaus fertiggestellt ist, muß noch der 1250 mm lange Dachfirst eingebaut werden. Zuvor aber sollten die Winkel der Dachneigung angehobelt worden sein.

Die beiden Seitenwände werden mit Profilholzbrettern verkleidet. Man kann sie festtackern oder -schrauben. Die schon vorgefertigte Rutschfläche mit dem rechten Seitenteil wird auf die

Materialliste

Anz.	Bezeichnung	Maße in mm	Material
	Für die Rutsche:		
2	Rutschenseiten	2800 lang	Fichte 150 × 20 mm
1	Rutschenboden	2500 × 320	Spanplatte 19 mm dick
1	Abschluß oben	200 × 320	
1	Abschluß unten	120 × 320	
2	Rutschenfüße	250 lang	Fichte 60 × 60 mm
2	Rutschenfüße	320 lang	
2	Streben (schräg)	750 lang	
2	Querriegel	1520 lang	Fichte 100 × 20 mm
1	Querriegel	320 lang	
1	Querriegel links	480 lang	
2	Streben senkrecht	820 lang	
2	Verbinder von Rutsche u. Geländer	500 × 120	Sperrholz 15 mm dick

Verstärkungsleisten als Fenster- und Klappenumrahmung, als Dachunterleimer, als Verbindung zwischen Sparren und Giebelverkleidung und Dach (alle Leisten sind aus 20 × 20 mm starkem Fichtenholz): 2 × 980 mm lang, 2 × 1010 mm lang, 5 × 560 mm lang, 1 × 700 mm lang, 1 × 1000 mm lang, 4 × 900 mm lang, 1 × 840 mm lang, 1 × 860 mm lang, 2 × 1400 mm lang; 6 Leitersprossen 350 mm lang, ∅ 30 mm; 3 Leitersprossen 390 mm lang, ∅ 30 mm; 1 Klavierband 600 mm lang.

beiden vorderen Sparrenrahmen aufgesetzt. Als zusätzliche Sicherung werden unter die Rutschbahn noch Leisten geschraubt.

Die untere Haltekonstruktion der Rutschbahn besteht aus einer waagerechten, 1520 mm langen Holzleiste. Auch diese Verstrebung wird an Füßen montiert (rechts 250 mm, links 320 mm lang) und oben mit dem entsprechenden Winkel abgeschrägt. Entsprechend der Konstruktionszeichnung wird die Rutschbahn fertiggebaut. Danach wird die Rückseite des Hauses montiert.

An der Außenseite werden um das Fenster herum seitlich und oben 20 × 20 mm starke Fichtenholzleisten angeleimt und verschraubt, über die dann die ebenfalls mit Leisten versehene Fensterklappe greift. Diese Klappe mit den Maßen 600 × 900 mm wird rundum mit Fichtenholzleisten versehen.

Die restlichen Teile des Geländers können nun montiert werden. Beide Seitenteile der Leiter (1450 mm lang) werden abgeschrägt, so daß sich die beiden 1800 mm langen Holme des Geländers gut mit der Leiter und den überstehenden Seitenteilen durch zwei Verbinder (500 × 120 mm) zusammenfügen lassen. Die drei Leitersprossen (390 mm lang) werden – wie schon vorher beschrieben – eingearbeitet.

Das Haus ist soweit hergestellt, daß

Die Rahmenhölzer werden miteinander verbunden.

Die Bodenbretter lassen sich mit einem Schlagbohrschrauber rationell befestigen.

man damit beginnen kann, die Dachplatten aus wasserfesten Spanplatten anzubringen. Alle nötigen Hinweise dazu gehen aus der Konstruktionszeichnung und der Materialliste hervor.

Da das Kinderhaus im Freien stehen wird, sollten alle Holzteile mit umweltfreundlichem Holzgrund behandelt sein. Er muß deckend aufgetragen werden, damit er für eine gute Haftung der nachfolgenden Lackierung sorgt. Lediglich die Innenseiten der Rutschbahn – sie werden extrem beansprucht – werden mit Disbon-Siegelgrund vorbehandelt. Er wird auf die vorher leicht angeschmirgelten und staubfreien Holzteile mit einem Pinsel aufgebracht. Wenn der Werkstoff getrocknet ist, kann man damit beginnen, Disboxid-Schutzanstrich 441 mit einem breiten Pinsel aufzutragen. Der zweikomponentige Schutzanstrich ist enorm belastbar und somit eine geeignete Beschichtung für die Rutschbahn.

Beim Aufstellen im Garten kann man die Fußstützen des Hauses auch an Flacheisen festschrauben, die in den Boden einbetoniert sind. Auf diese Weise können die Holzpfosten nach jedem Regen immer wieder austrocknen, ohne zu vermodern. Es ist aber ebenso möglich, die Fußstützen auf Betonplatten zu setzen, wenn man sie auf mittige Abstandhalter schraubt.

Die Leitersprossen müssen wasserfest eingeleimt werden.

Aus Profilholzbrettern bestehen die Seitenwände.

Nun wird auch die Rutschbahn angebaut.

Die Rutschbahn wird mit Streben stabil abgestützt.

Die Rückwand wird befestigt.

Die vorbereiteten Dachflächen werden aufgelegt, verleimt und verschraubt.

Segelschiff-Sandkasten

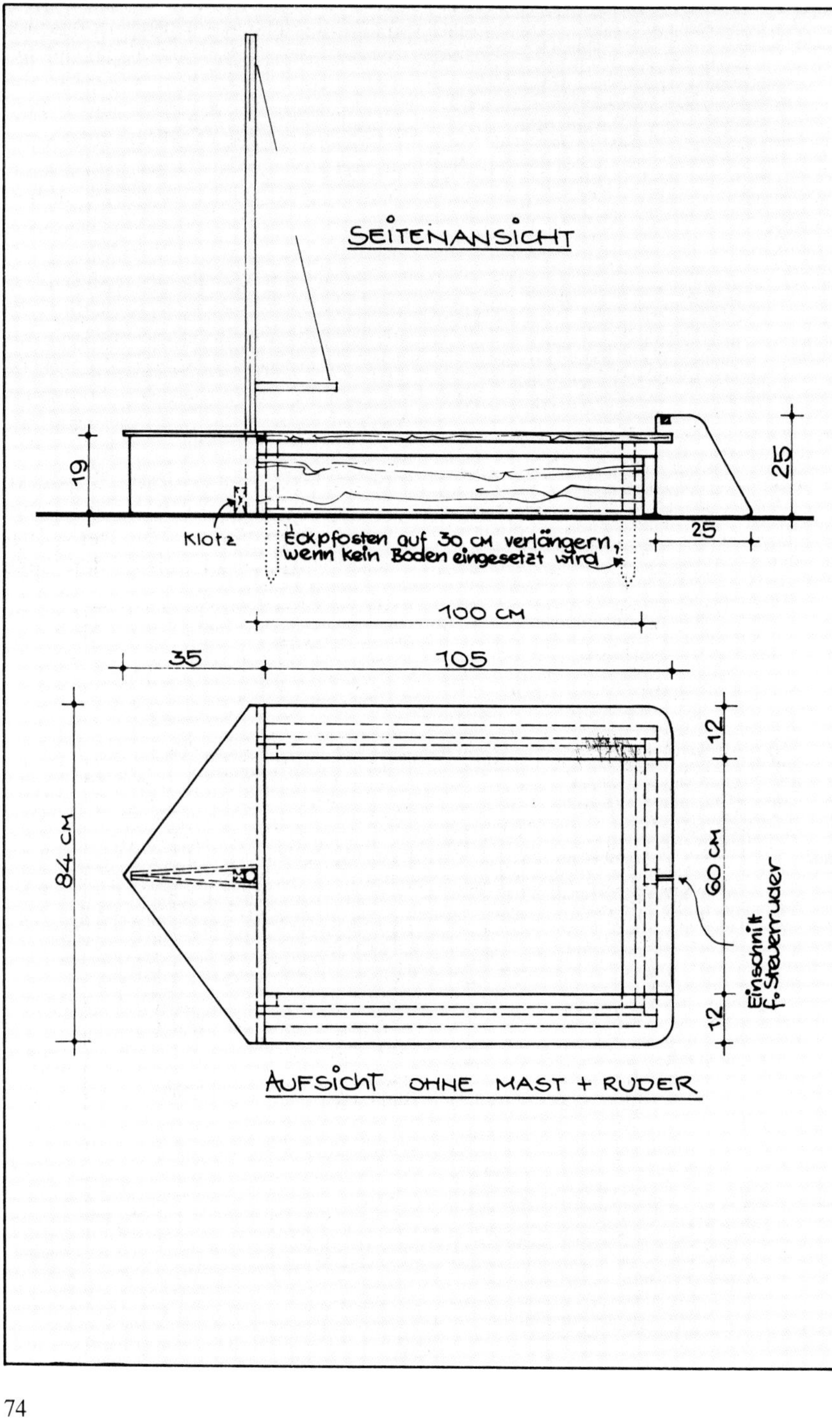
SEITENANSICHT
19
25
Klotz
Eckpfosten auf 30 cm verlängern, wenn kein Boden eingesetzt wird
25
100 CM
35
105
84 CM
12
60 CM
12
Einschnitt f. Steuerruder
AUFSICHT OHNE MAST + RUDER

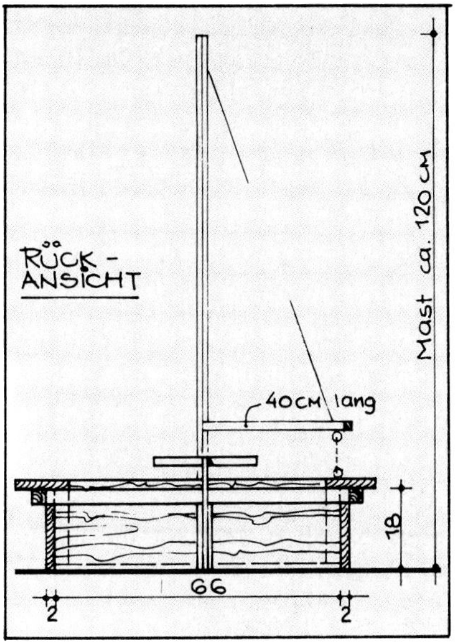

Ein beliebtes Spielzeug für draußen ist dieser Sandkasten, der mit seiner Segelschiff-Optik kindlichen Einfallsreichtum beflügeln kann. Zum Nachbau werden Massivholzbretter verwendet, die den Kasten besonders stabil werden lassen. Die Holzverbindungen lassen sich einfach durch Schrauben und Leim herstellen.

Mit dem Bau des Segelschiff-Sandkastens wird begonnen, indem die vom Holzhändler zugeschnittenen Teile für den Grundkasten zusammengesetzt werden. Um eine hohe Stabilität zu erreichen, werden an die Stirnseiten (660 mm lang) jeweils zwei Eckpfosten (167 mm lang) angesetzt. Beide Bugstücke an ihren vorderen Enden abflachen und miteinander verbinden. Der Bug-„Keil" wird mittig an die vordere Seite

Materialliste

Anz.	Bezeichnung	Maße in mm	Material
2 2 2 1	lange Seiten kurze Seiten lange Sitzbretter kurzes Sitzbrett	1000 × 180 660 × 180 1050 × 120 600 × 120	Fichte o. Kiefer 20 mm dick
1 1 1	Mast Querstück Steuerrudergriff	ca. 1200 lang 400 lang 240 lang	Fichte 20 × 20 mm
4 2 1 2	Eckpfosten Eckverstärkungen Eckverstärkung Ruderanschlag	167 lang 1030 lang 700 lang 150 lang	Fichte o. Kiefer 30 × 30 mm
1 2 1	Bugplatte Bugstützen Steuerruder	840 × 350 320 × 190 250 × 250	Sperrholz 10 mm dick
1	Boden	960 × 660	wasserfestes Sperrholz 12 mm dick
1	Bugverstärkungs- leiste	840 lang	Fichte o. Kiefer 10 × 20 mm

Stoff für das Segel; Kreuzschlitzschrauben 3,5 oder 4 × 40 mm; Holzkitt oder Spachtel.

des Sandkastens gesetzt und unter Leimzugabe verschraubt.
Ist die 30 mm große Öffnung für den Mast aus der Bugplatte ausgeschnitten, wird die Bugplatte an ihrer langen Seite mit einer 840 mm langen Leiste (10 × 20 mm) verstärkt. Um die Bugplatte stabil an dem Sandkastenrahmen zu montieren, werden Kreuzschlitzschrauben und wasserfester Leim verwendet.
Bevor alle Sitzbretter befestigt werden, schneidet man in das Heckbrett mittig eine 10 mm breite Kerbe, in der das Steuerruder fixiert werden kann. Die Sitzbretter werden so auf dem Grundkasten verleimt und vernagelt, daß sie innen 30 mm überstehen. Sie sollen außerdem von unten mit 30 × 30 mm dikken Leisten zusätzlich abgestützt werden – man braucht zwei von 1030 mm und eine von 700 mm Länge. Die Verstrebungsleisten werden gegebenenfalls verschraubt.
Nun fehlt noch der Ruderanschlag (150 mm lang), den man in der Mitte des Heckbrettes anleimt. Die Form des Ruderblattes kann man nach individueller Vorstellung zuschneiden. An ihm wird der 240 mm lange Rudergriff montiert, der mittig 10 mm einzukerben und anzuleimen ist.
Damit der Sandkasten nach unten hin abgeschlossen ist, wird der 960 × 660 mm große Boden eingesetzt und mit den Seitenteilen verschraubt sowie verleimt.
Die Rah wird mit dem Mast verschraubt oder verdübelt. Bevor das Segel befestigt werden kann, müssen Rah und Mast lackiert sein. Der Mast kann nun durch die vorgeschnittene Öffnung in der Bugplatte eingeschoben und im Bug verleimt werden.
Wird der Sandkasten ohne Boden in den Garten gestellt, sollten 300 mm lange angespitzte Eckpfosten statt der 167 mm langen Pfosten verwendet werden, damit sich das Segelschiff im Boden verankern läßt.

Der Bugteil wird am vorderen Ende des Sandkastens angebracht. Dabei wird die Öffnung für den Mast berücksichtigt.

Der Boden des Sandkastens sollte möglichst gut gegen eindringende Feuchtigkeit geschützt werden. Holzgrund und ein zwei- bis dreimaliger Lackauftrag helfen dabei.

Schiff mit Seegang

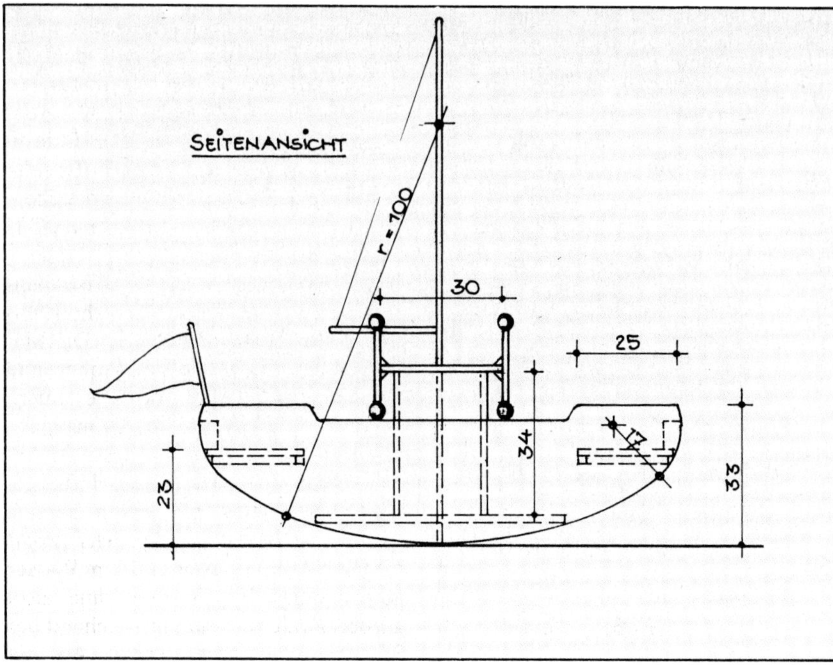

Mit diesem Schaukelschiff können zwei kleine Kinder die Reise über die Weltmeere antreten. Vor der Montage werden die benötigten Massivholz- und Plattenteile nach den Maßangaben der Materialliste zugeschnitten. Anschließend folgt das Ausschneiden der beiden Seitenteile, die aus 13 mm dicker Spanplatte oder 12 mm dikkem Sperrholz bestehen. Um die Rundung anzuzeichnen, wird eine Leiste mit 1000 mm Abstand von der Unterkante der Rundung genau in der Mittelachse befestigt. In die Leiste sollte ein dünnes Loch gebohrt werden, um so eine sichere Führung des Bleistifts zu gewährleisten. An das Markieren der großen Rundung des Schiffbodens schließt sich das Anzeichnen der beiden stärkeren Rundungen an den beiden oberen Schiffsenden an. Hier beträgt der Radius 170 mm, so daß ein Zirkel fürs Anzeichnen ausreicht.

Die Seitenteile werden mit einer Stichsäge ausgeschnitten. Es folgt das Abrunden der beiden Quer- und Abschlußstücke aus Massivholz mit einem Querschnitt von 40 × 60 mm. Sie werden der Formgebung von Bug und Heck angepaßt, was am einfachsten mit einem Hobel zu bewerkstelligen ist. Auf die beiden Abschlußstücke wird später die Sperrholzbeplankung des Schiffsbodens aufgeleimt.

Um den Schiffskorpus zusammenzuleimen, werden zwischen die beiden Seiten der Boden, die Sitzbretter sowie die Querstücke geleimt und von außen her verschraubt. Dabei ist jeweils wasserfester Holzleim zuzugeben. Unter die Sitzbretter werden Trageleisten geleimt und verschraubt; außerdem werden die Sitzbretter an ihrem vorderen Ende mit einer Leiste verstärkt. Anschließend geht es an die Montage der Mittelstütze. Auch hier werden alle Holzverbin-

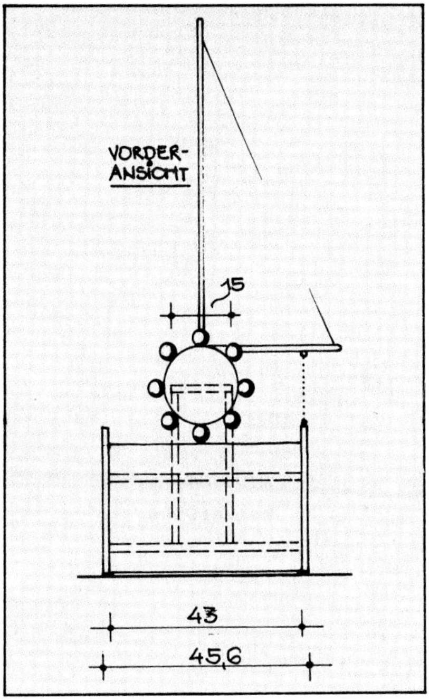

dungen stumpf zusammengeleimt und verschraubt. In die obere Abdeckung der Mittelstütze wird ein Loch für den Mast gebohrt, und auch in der Mitte der Bodenplatte soll ein solches Befestigungsloch angeordnet werden. Es folgt das Aussägen und Befestigen der Steuerräder, die einen Durchmesser von 180 mm haben.

Die „Beplankung" des Schiffsbodens besteht aus 4 mm dickem Sperrholz, das sich relativ leicht biegen läßt. Die Maserung des Sperrholzes soll quer und nicht längs zum Schiffsboden verlaufen. Das Sperrholz wird unter Leimzugabe mit Zwingen an eines der massiven Abschlußstücke des Schaukelschiffs geleimt. Damit es sich auch im Bereich der kleinen Rundung möglichst leicht biegen läßt, sollte es mit heißem Wasser geschmeidig gemacht und ohne allzu großen Kraftaufwand entsprechend der Schiffsform gebogen werden. Auf die

Materialliste

Anz.	Bezeichnung	Maße in mm	Material
2 1 2 2 2 1	Seiten Boden Sitzbretter Mittelstützen Mittelstützen Abdeckung	1200 × 330 620 × 430 250 × 430 340 × 225 340 × 124 300 × 150	Spanplatte 13 mm dick oder Sperrholz 12 mm dick
1	Beplankung	470 × 1500	Sperrholz 4 mm dick
2	Querstücke	430 lang	Fichte 40 × 60 mm
2 4	Sitzverstärkungen Sitztrageleisten	430 lang 215 lang	Fichte 20 × 20 mm
2	Steuerräder	∅ 180	Sperrholz 15 mm dick

16 Holzkugeln ∅ 25–30 mm; 2 Rundstäbe für Mast 1250 mm und 400 mm lang, ∅ 16 mm; 20 mm breiter Gummistreifen für Kufen (2 × ca. 1500 mm lang); 1 Segel, evtl. Wimpel (Farbe nach Wahl).

Seitenteile, an denen sich der Sperrholzboden entlangbiegen soll, wird jeweils Leim gegeben. Außerdem wird die Verbindung durch Einschlagen kleiner Nägel gefestigt. Der 16 mm dicke runde Mast erhält an seinem unteren Ende einen „Ausleger“, an dem das Segel befestigt wird. Dieses Querstück wird mit dem Rundholz verleimt und verschraubt, wozu erforderlich ist, es der Mastrundung vor dem Zusammenbau anzupassen.

Ist der Lack trocken, erhält der Schiffsboden noch zwei „Kufen“, die aus Gummi oder Kunststoff bestehen und fest aufgeklebt werden. Dies verhindert ein allzu großes Rutschen des Schaukelschiffs beim Spielen, wenn es auf glattem Boden steht. Außerdem schont die Auflage den Schiffsboden und sorgt zusätzlich dafür, daß die Schaukelgeräusche relativ leise bleiben.

Die Zwischenstücke, die die beiden Rundbögen verbinden, müssen genau im rechten Winkel stehen.

Die zweite Schiffsseite wird angebracht.

Die Kugeln werden an den Kreisausschnitten befestigt.

Lustiger Schaukelschwan

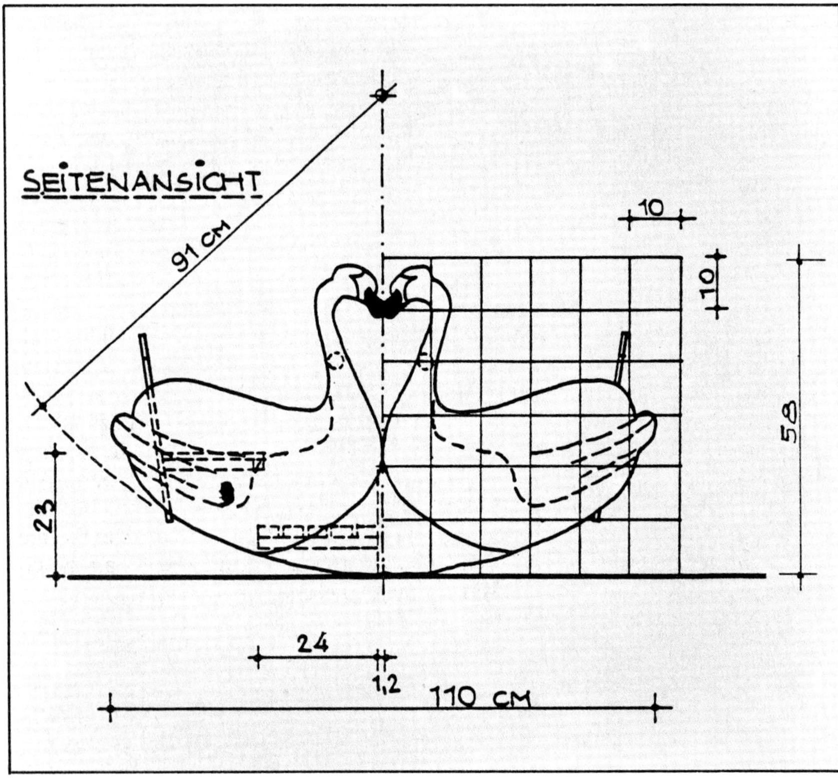

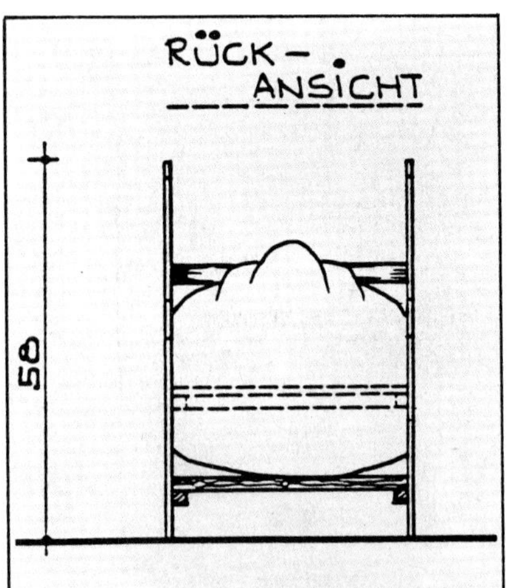

Gleich zwei Kinder haben die Möglichkeit, den hier vorgestellten formschönen Schaukelschwan zu benutzen. Stabile Lehnen, Fußstützen und Haltegriffe machen das Spielzeug sicher. Die attraktive Schwanenform läßt sich mit Hilfe einer Pappschablone auf die Holzplatten übertragen und ausschneiden. Wer exakt arbeitet, kann aus dem Verschnitt noch die beiden Sitzflächen sowie die 380 × 200 mm große Querverstrebung erhalten.

Boden- und Sitztrageleisten sind anzusetzen. Dazu werden pro Seite je zwei 240 mm lange Leisten (20 × 20 mm starkes Fichtenholz) waagerecht angeleimt, und zwar in einer Höhe von ca. sieben bis acht Zentimetern. Zwischen den unteren Leisten verbleibt ein 12 mm breiter Spalt für die Querverstrebung, die unten in der Mitte eingeleimt wird. Die Sitzbretter stehen nach vorn zwei Zentimeter über; hierunter wird jeweils eine querverlaufende Verstärkung befestigt. Danach können die Sitzlehnen angebracht werden. Es folgt das Montieren des zweiten Seitenteils. Bevor das lustige Schaukeltier bemalt wird, werden noch zehn Bodenbretter auf die entsprechenden Bodentrageleisten geleimt. Die beiden Haltestangen aus Rundholzstäben (∅ 30 mm) lassen sich zwischen die Schwanenhalsformen leimen. Sie werden von außen durch die Seitenteile hindurch verschraubt. Alle Schraubenköpfe – auch die der Sitzverschraubung – sollen versenkt, verspachtelt und verschliffen werden.

Um den Schaukelschwan zu lackieren, sollten alle Flächen zunächst mit wasserhaltigem Holzgrund vorbehandelt werden. Dieser Werkstoff läßt sich leicht auftragen und trocknet schnell. Er ist umweltschonend. Wenn er trokken ist, muß das Spielzeug wetterfest lackiert werden. Dazu haben wir weißen glänzenden Capacryl-Hauslack verwendet. Wer möchte, kann die Flächen aber auch seidenglänzend ausstatten, weil es den gleichen Werkstoff auch in dieser Glanzeinstellung gibt. Vorteilhaft im Vergleich zu den lösemittelreichen Kunstharzlacken ist bei den wasserhaltigen Acryllacken, daß sie nicht zum Vergilben und auch nicht zum Verspröden neigen. Es ist sinnvoll, die Lakke mit langborstigen Kunststoffpinseln oder Lackrollern aufzutragen. Im letzteren Fall entsteht dabei eine leichte Oberflächenstruktur, welche an die einer Apfelsinenschale erinnert.

Materialliste

Anz.	Bezeichnung	Maße in mm	Material
2	Seitenwände	1100 × 580	wasserf. Sperrholz 12 mm dick
2	Rückenteile	380 × 380	
2	Sitzflächen	380 × 200	
1	Querverstrebung	340 × 200	
10	Bodenbretter	380 lang	Fichte 20 × 40 mm
4	Bodentrageleisten	240 lang	
4	Sitztrageleisten	180 lang	
2	Sitzverstärkungen quer	380 lang	

2 Rundstäbe als Griffe, 380 mm lang, ∅ 30 mm.

An den beiden in doppelter Schwanenform ausgeschnittenen Seitenteilen des Schaukelspielzeugs werden Trageleisten angeleimt, auf denen später die Bodenbretter befestigt werden. Hier sollten auch die Trageleisten für die Sitzbretter angeschraubt werden.

Die Einzelteile der Sitze werden mit hochwertigem Holzleim miteinander verbunden. Wer will, kann die Leimstellen mit Holzschrauben zusätzlich stabilisieren. Die Schraubköpfe müssen versenkt und vor dem Lackieren glatt gespachtelt werden.

Die beiden Sitze sind montiert. Jetzt kann auch die zweite Seite des Schaukelschwans aufgelegt und mit den Holzflächen stumpf verleimt werden. Wo es nötig ist, werden die Verbindungsstellen mit Holzschrauben gefestigt, am einfachsten mit einem Akkuschrauber.

Der Schaukelschwan wird weiß lackiert, nachdem zuvor wasserhaltiger Holzgrund aufgetragen wurde. Die Konturen werden mit schwarzen Lackstrichen aufgemalt. Wer möchte, kann ganz nach Belieben zusätzliche Farbakzente einplanen.

Schubkarre mi

Die Rückwand muß genau im rechten Winkel zu den Seitenteilen stehen. Sie wird mit wasserfestem Holzleim und Holzschrauben mit dem leicht geschwungenen Seitenstück der Schubkarre verbunden.

Im Boden der Schubkarre müssen zwei Aussparungen eingearbeitet werden, durch die die vorderen Stützen des Gefährts geschoben werden können. An ihrem oberen Ende sind die Stützen so mit Schlitzen auszustatten, daß hier eine Querwand des Schubkarrens eingeschoben werden kann.

Alle Holzteile werden zunächst mit wasserhaltigem Holzgrund vorgestrichen, damit die braunfärbenden Holzinhaltsstoffe nicht die Oberfläche verfärben. Danach können die Flächen in leuchtenden Farben lackiert werden. Der Lack soll zweimal aufgetragen werden.

Standfest, stabil, aber leicht beweglich ist die vielseitige Gartenschubkarre für Kinder, die mit vier Rädern ausgestattet ist und sich dementsprechend leicht schieben läßt, auch wenn sie dazu nicht angehoben wird.

Eisenbahn als Wohnmobil

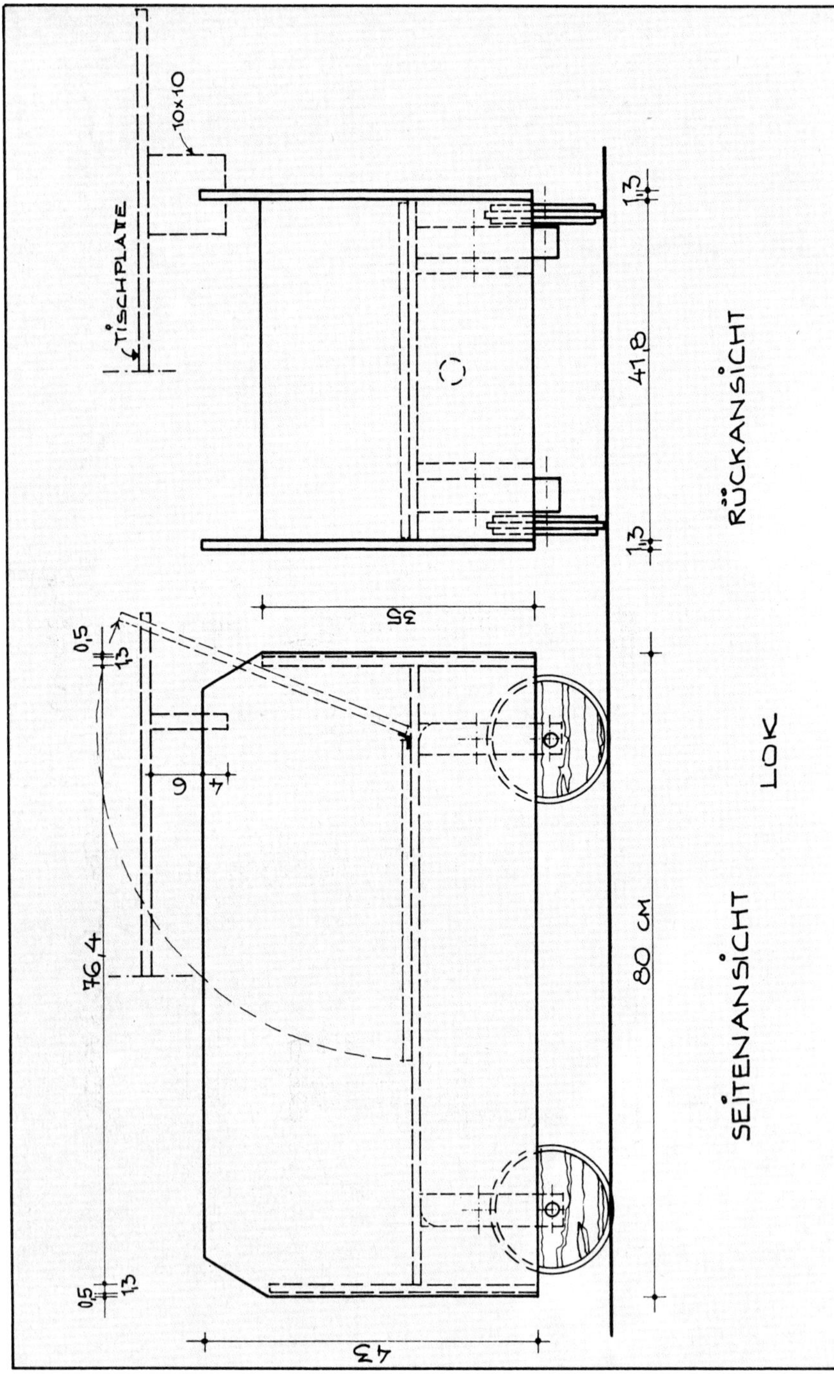
TISCHPLATTE
10x10
SEITENANSICHT
RÜCKANSICHT
LOK
80 CM
41,8
35
43
76,4
9
4
0,5
1,3

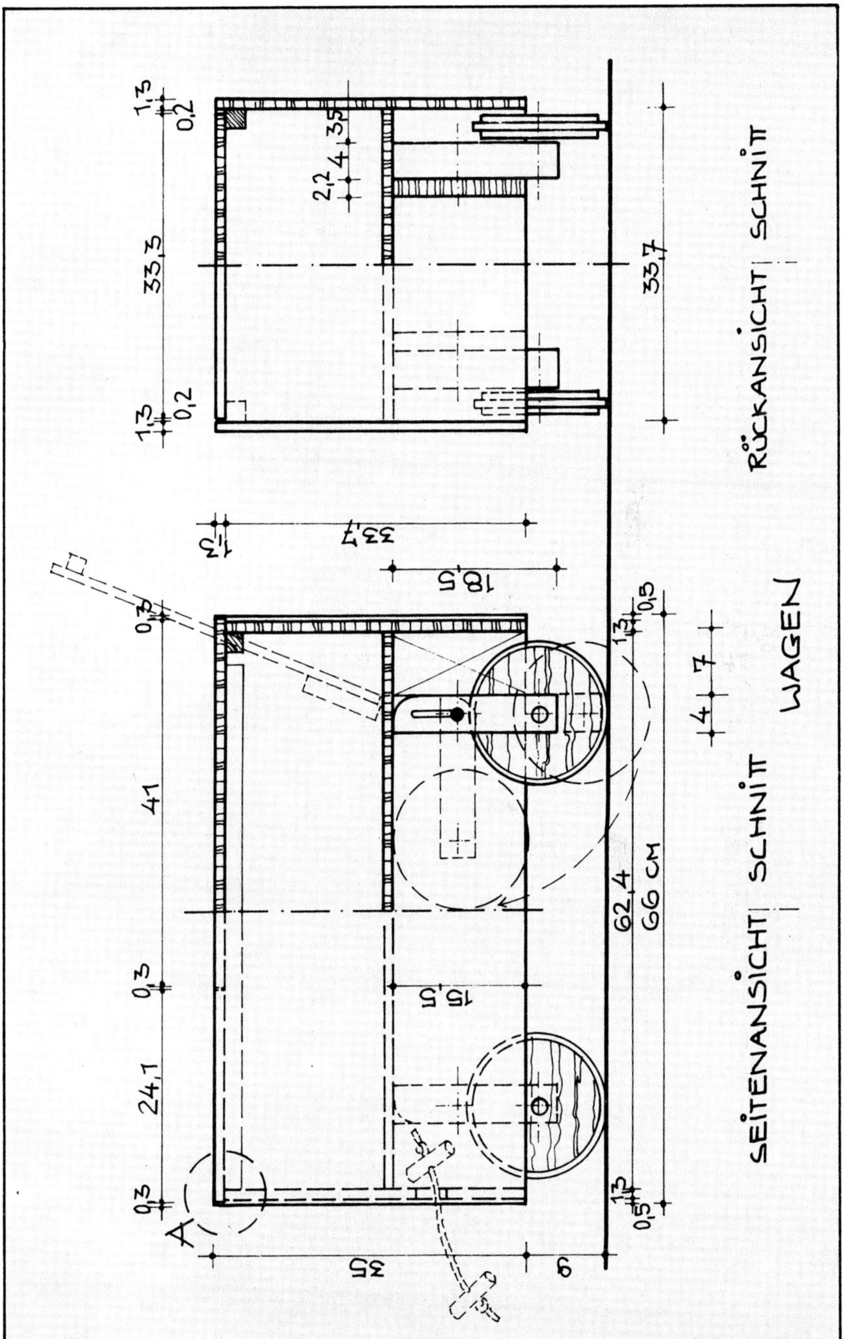
SEITENANSICHT SCHNITT
RÜCKANSICHT SCHNITT
WAGEN
66 CM

Unsere Kindereisenbahn läßt sich sowohl als Lokomotive mit Waggons wie auch als Tisch mit passenden Hockern einsetzen. Die Räder der Eisenbahn können dafür – je nach Bedarf – ein- oder ausgeklappt werden.
Von den nach den Maßen der Materialliste zugeschnittenen Holzplatten werden zunächst die beiden 800 × 430 mm großen Seitenteile des Tischs bearbeitet. Hier müssen die oberen Ecken abgeschrägt werden. Das verstellbare Fahrwerk benötigt eine spezielle Konstruktion, die im Inneren der Wagen angebracht wird. Unter dem 418 × 764 mm großen Zwischenboden werden längs zwei 764 × 155 mm lange Streben eingesetzt, die jeweils vom äußeren Rand 75 mm entfernt eingeleimt und durch den Zwischenboden hindurch verschraubt werden. Die 8-mm-Löcher für die beweglichen Achsen sollte man schon jetzt bohren, da sie später nur noch schwer zugänglich sind. Das Grundgestell ist nun fertig, so daß die beiden 418 × 350 mm großen Stirnseiten angesetzt werden können. Die schon vorbereiteten Seitenflächen auf den Korpus montieren.
Zur Montage der beweglichen Fahrwerksteile werden in die vier 40 × 40 mm starken Holzleisten je ein Loch sowie ein ca. 50 mm langer Schlitz eingearbeitet. Das obere Ende der Leisten wird mit einem Radius von 20 mm abgerundet. Damit die Radaufhängung nur in eine Richtung schwenkt, werden an den hinteren Enden 155 × 70 mm große Holzklötze eingeleimt.
Die Wagen der Eisenbahn werden nun in gleicher Weise aus den Einzelteilen montiert. Bei der Lokomotive fehlt noch ein Sitz, dessen Rückenlehne 412 × 400 mm groß ist. Die Lehne wird mit einem Klavierband so über der „Hinterachse" angeschraubt, daß sie sich nach vorne einklappen läßt.
Die Tischplatte (900 × 900 mm) wird an der Unterseite mit vier Haltern versehen, in die jeweils ein 40 mm tiefer Schlitz in der Stärke der Seitenwände der Lok eingeschnitten werden muß. Durch diese Konstruktion sitzt die Tischplatte fest auf und kann jederzeit problemlos abgenommen werden. Damit beim Abnehmen der Tischplatte nicht der Lack an den Seitenwänden verkratzt, kleben wir in den Schlitz Kunststoffstreifen ein.
Die „Dächer" der Waggons bestehen aus einer festen Platte und wiederum einer Lehne, die aber diesmal nicht festgeschraubt wird, sondern bei Bedarf als Deckel den Wagen verschließt. Dazu sind einige Halteleisten und -klötze nötig. Die Platten werden fest auf einen Holzklotz aufgeleimt und verschraubt (siehe Schnitt A) und zusätzlich auf einer 580 mm langen Leiste befestigt, die 13 mm unterhalb der Oberkante der Seitenwand angeschraubt worden ist. Als hintere Auflage dienen hier zwei Klötze, die an der Unterseite der Lehnen angebracht werden.
Bei der Montage der Räder ist zu beachten, daß die Muttern der Maschinenschrauben am unteren Ende der Radaufhängung eingelassen werden müssen, da sie sonst an die Unterkante der Querstrebe stoßen. Mit einem

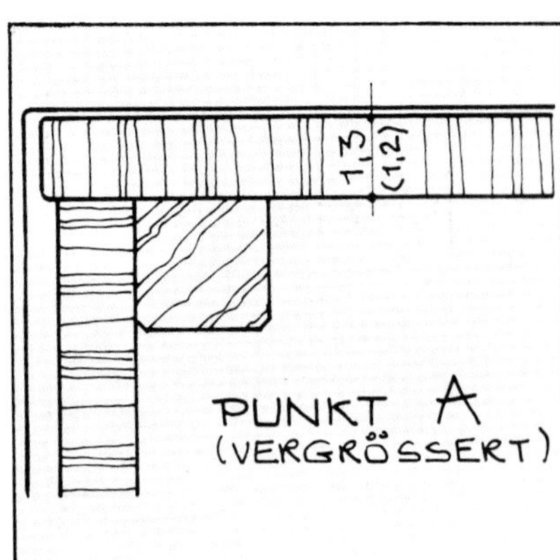

Forstner-Bohrer oder einem schmalen Stemmeisen lassen sich die Aussparungen herstellen. Bevor man die Mutter auf dem kurzen Gewinde mit zweikomponentigem Metallkleber befestigt, muß noch eine Unterlegscheibe aufgesetzt werden, damit sich das Rad leicht drehen läßt.

Materialliste

Anz.	Bezeichnung	Maße in mm	Material
	Lokomotive:		
2	Seitenflächen	800 × 430	
2	Stirnseiten	418 × 350	Spanplatte
1	Boden	418 × 764	13 mm dick
1	Rückenlehne	412 × 400	
1	Tischplatte	900 × 900	
4	Tischplattenhalter	100 × 100	Spanplatte
4	Eckklötze	155 × 70	19 mm dick
2	Querstreben	764 × 155	Tischlerplatte 22 mm dick
4	Radaufhängungen	185 lang	Hartholz 40 × 40 mm

4 Roller-Räder der Firma Klöckner-Schnell mit Gummibereifung und Stahlbuchse (R 23), ∅ 155 mm; 4 Maschinenschrauben 8 × 70 mm; 4 Maschinenschrauben 8 × 80 mm; 8 Unterlegscheiben.

Anz.	Bezeichnung	Maße in mm	Material
	Wagen und Hocker:		
6	Seitenflächen	660 × 350	
6	Stirnseiten	337 × 337	
3	Böden	624 × 337	Spanplatte
3	feste Deckel	241 × 337	13 mm dick
3	herausnehmbare Deckel	410 × 333	
8	Eckklötze	155 × 70	Spanplatte 19 mm dick
4	Querstreben	624 × 155	Tischlerplatte 22 mm dick
8	Radhalterungen	185 lang	Hartholz 40 × 40 mm
6	Stützleisten für Deckel	580 lang	Fichte
8	Klötze unter Deckel	80 lang	20 × 20 mm

8 Rollerräder wie oben, ∅ 155 mm; 8 Maschinenschrauben 70 mm lang; 8 Schrauben 80 mm lang; 16 Unterlegscheiben.

Farbige Rauhfaser-Ideen.

Wo farbenfrohes selbstgebautes Spielzeug die Kinderzimmer-Atmosphäre prägt, sollten auch die Wände nicht eintönig, sondern fantasievoll gestaltet sein. Das ist nicht schwer, weil es für diesen Zweck 24 dekorative Bildmotive gibt, die einen wesentlichen Vorteil haben: Sie lassen sich allesamt mit Hilfe einer auf Transparentpapier gedruckten Strichzeichnung in der jeweils gewünschten Größe auf die Wandflächen projizieren. Dazu ist die Zeichnung im Kleinbild-Diaformat gehalten. Sie muß nur ausgeschnitten und in einem handelsüblichen Diarähmchen plaziert werden. Die Umrisse der Zeichnung können mit einem weichen Bleistift auf der mit Alpinaweiß vorgestrichenen weißen Rauhfaser (feinkörnig) festgehalten werden. Danach ist es nur noch nötig, die einzelnen Farbflächen nach den Angaben der farbig auf einem Poster wiedergegebenen Zeichnung mit scheuerbeständigen und bestmöglich lichtechten, wasserhaltigen Buntfarben auszumalen. Erhältlich sind Poster und Transparentbogenbroschüre gegen einen Unkosten-Beitrag von fünf Mark in Briefmarken beim Erfurt-Leserservice, Postfach 20, 6105 Ober-Ramstadt. Aus dem Poster sind die jeweils für ein gewünschtes Motiv erforderlichen Farbtöne ersichtlich, die es als umweltschonende Acryllacke gibt.

Mit dieser großflächig aufgemalten Mond- und Sternen-Szenerie träumt es sich noch mal so gut. – Ein besonders beliebtes Motiv ist dieser farbenprächtige Glückskäfer.